Dorothée Kreusch-Jacob

Jedes Kind braucht Musik

Dorothée Kreusch-Jacob

Jedes Kind braucht Musik

Ein Praxis- und Ideenbuch zur ganzheitlichen Förderung in Kindergarten und Familie

Mit Fotos von Ursula Markus
und Illustrationen von Carolin Kreusch

Kösel

Umschlag: Elisabeth Petersen, München
Umschlagmotiv und Fotos im Innenteil: Ursula Markus, Zürich
Illustrationen: Carolin Kreusch, Karlsruhe
Notensatz: Christa Pfletschinger, München
Druck und Bindung: Kösel, Krugzell
Printed in Germany
ISBN-10: 3-466-30728-7
ISBN-13: 978-3-466-30728-9

Gedruckt auf umweltfreundlich hergestelltem Bilderdruckpapier (säurefrei und chlorfrei gebleicht)

www.koesel.de

Für Caira Lotus Nandini

Inhalt

Vorwort

Kinder kommen als Ohrenmenschen auf die Welt. Bereits vor ihrer Geburt beginnt ihre musikalische Biografie. Im Klangraum Mutterleib reagieren sie auf Musik und Melodien. Sie nehmen die Vibrationen der mütterlichen Stimme mit dem ganzen Körper wahr – und hören ihren Herzschlag, den Ur-Rhythmus des Lebens. Diese Biografie schreibt sich später weiter in allem, was sie an Klängen, Tönen und Geräuschen hören. Und wir alle schreiben sie mit, ob Eltern, Erzieher oder Lehrer, indem wir mit Kindern singen, musizieren, gemeinsam Musik hören oder tanzen.

Lasst Kindheit klingen!

Dieses Buch der musikalischen Biografie ist bunt und vielgestaltig. Es begleitet Kinder durch die ersten Lebensjahre, so lange, bis sie es selbst weiterschreiben können. Es finden sich darin Spiele und Lieder, Reime und Geschichten, Klangspiele und Bewegungsspiele – zum Singen, Sprechen, Spielen, Erfinden, Tanzen ...
Es findet sich aber auch Ernstes und Nachdenkenswertes: Hintergründe, die aufzeigen, wie Musik auf Kinder wirkt. Die musikalische Biografie ist zugleich ein Bildungs-Buch. Wer darin blättert, entdeckt, was das Spiel mit Musik für den Geist bedeutet. Gehirnforscher, Psychologen und Neurologen kommen zu sensationellen Erkenntnissen: Musik ist ein Medium von hohem Bildungsrang. Sie weckt verschiedenste Begabungen. Sie bewirkt intensive Transferleistungen zwischen der Gefühlswelt und dem abstrakten Denken

und Verarbeiten von Informationen. Kein anderes Medium verbindet auf so intensive Weise Spielen mit Üben, Spielen mit Lernen. Im Spiel mit Musik können Kinder Lernen lernen, nachhaltig und ganzheitlich. Und das auf eine Art, die Freude und Spaß macht. Wer wollte da Musik nur den so genannten »musikalischen« Kindern vermitteln? Musikalisch ist jedes Kind: »Es musiziert in jedem Kind, ob es das weiß oder will oder nicht« (Hans Günther Bastian, Professor für Musikpädagogik, Frankfurt).
Angesichts der gegenwärtigen Bildungssituation muss es uns ein Anliegen sein, den ganzen Menschen zu erreichen und kindliche Selbstbildungsprozesse einfühlsam zu begleiten. Eine einseitig kognitive Förderung, die nach der PISA-Debatte immer wieder gefordert wird, kann und wird in eine Sackgasse führen. Denn nach Ansicht der Hirnforschung ist Gleichgewicht angesagt: hören, singen, sich bewegen, tanzen, Rhythmus erleben, den eigenen Körper spüren und beherrschen, ein Instrument spielen – und dabei mit anderen kommunizieren ... So kann Musik die kindliche Persönlichkeitsentwicklung positiv beeinflussen und Fähigkeiten und Kompetenzen entwickeln, die über den rein musikalischen Bereich weit hinausgehen.

Der Erwachsene – ein Wegbegleiter

Maria Montessori sagte einmal: »Das Kind muss nicht gebildet werden, es bildet sich selbst.« Kinder können oft mehr, als wir ihnen zutrauen. Der kindliche Selbstbildungsprozess ist ein Weg der Bewegung. Nicht stehen bleiben, ausprobieren, Umwege machen, Freiräume entdecken, mit anderen gemeinsam in Bewegung sein. Kinder suchen in uns kompetente und einfühlsame Begleiter, die sie mit Sachverstand und Umsicht auf die neuen Anforderungen der heutigen Informationsgesellschaft vorbereiten. Kinder brauchen Pädagogen, Eltern, Erzieher, die selbst in Bewegung, selbst unterwegs sind.

Musik – ein Spiel mit allen Sinnen

Kinder lernen mit all ihren Sinnen, sie tasten, singen, horchen sich in die Welt, versuchen sie zu er-fassen und zu be-greifen mit Auge und Ohr, Herz und Hand. Sie brauchen Anregungen und eine Vielfalt an Möglichkeiten, um ihre Sinne aktiv zu erproben. Auf diese Weise entdecken und erkunden sie die Welt und ihre Wirklichkeit. So erwerben sie sich »Weltwissen«. Sie sammeln Erfahrungen mit sich selbst und den Menschen, denen sie begegnen. Auf diese Weise holen sie sich das, was sie für ihre körperliche, seelische und geistige Entwicklung brauchen.

Jedoch wachsen viele Kinder heute in einer sinnenarmen und gleichzeitig reizintensiven Umwelt auf. Ihr Hör- und Sehsinn ist überfordert, die elementaren, körpernahen Sinne sind oft vernachlässigt. Wo die Sinne durch eine Flut von Informationen aus den Medien überreizt werden oder durch einen Mangel an Anregung verkümmern, drohen Kinder aus der Balance zu geraten. Dies kann sich in Unruhe, Hyperaktivität und Konzentrationsstörungen zeigen. Wahrnehmungsstörungen sind immer häufiger zu beobachten. Es fällt Kindern schwer, Eindrücke und Informationen einzuordnen, zu verarbeiten und mit dem bereits bestehenden Erfahrungsschatz zu verbinden. Zudem haben sie durch langes Stillsitzen z.B. vor Fernseher und Computer Schwierigkeiten, den eigenen Körper wahrzunehmen und ein differenziertes Körperschema zu entwickeln. Das Integrieren der ankommenden Reize ins Gehirn ist empfindlich gestört.

Musik weckt Aufmerksamkeit und Konzentration

Ein weites Erfahrungsfeld

Wo perfektes Spielzeug, eine technisierte, medialisierte und oft körperfeindliche Welt es Kindern schwer macht, sich Erfahrungen über die Sinne anzueignen, kommt gerade dem Musizieren eine bedeutende Rolle zu. Hier können sie im Erzeugen von Klängen Ursache und Wirkung erfahren. Sie erleben Langsamkeit und Konzentration beim Bauen eines kleinen Instruments. Musizierend können sie unmittelbar tätig sein und aktiv gestalten. Spielend können sie ausprobieren und verschiedene Lernwege kennen lernen. Singend fördern sie ihre stimmlichen und sprachlichen Fähigkeiten. Tanzend öffnen sie Spielräume für ihre Bewegungslust und erweitern ihre motorischen Möglichkeiten. Hörend entwickeln sie ihre Fähig-

Ping-pong-Klänge auf dem Xylophon: ein Zusammenspiel von Auge, Ohr und Hand

keit zur Konzentration. Im musikalischen Miteinander entdecken sie die eigene Kreativität und gleichzeitig die Beziehung mit anderen. Hier können Kinder durch Erfahrung lernen.

Auch Albert Einstein war sich bewusst, dass nachhaltiges Lernen nur durch sinnliche Wahrnehmung und Erfahrung möglich ist: »Lernen ist Erfahrung. Alles andere ist einfach nur Information.«

Der auditive Sinn

Unser Hörsinn ist ein Meisterwerk der Natur. Er ist bereits vor der Geburt aktiv und funktionsfähig. Akustische Reize werden in Form von Schallwellen über das Ohr als Informationen und elektrische Signale ans Gehirn weitergeleitet. Über dieses Sinnesorgan können wir Klänge, Töne oder Geräusche bewusst wahrnehmen und voneinander unterscheiden. Das Ohr ermöglicht uns Orientierung in einer komplexen Welt voller Geräusche. Hörend treten wir in Kontakt mit anderen Menschen. Was wäre Kommunikation anderes als das Wechselspiel von mitteilen, erzählen und zuhören?

Dem Ohr gelingt es, sowohl auf äußerst leise Reize zu lauschen wie auch sehr lauten Hörereignissen standzuhalten. Wir erkennen, aus welcher Richtung der Schall kommt und wie weit er entfernt ist. Auch eine sich bewegende Schallquelle nehmen wir wahr und brauchen dafür nicht einmal unseren Sehsinn zu Hilfe zu holen. In Sekundenschnelle gelingt es uns, bestimmte Geräusche oder Stimmen aus einem Schallwellensalat von Nebengeräuschen herauszuhören (z.B. auf der Straße, im Kindergarten, im Schulzimmer).

Hören erfordert Aufmerksamkeit, um wahrzunehmen und zu unterscheiden. Auditive Wahrnehmungsfähigkeit bedeutet ebenso verstehen wie inhaltlich zuordnen. Ob es sich nun um Worte, Geräusche, Klänge oder Musik handelt, immer sind wir bestrebt, das Gehörte nicht nur zu speichern, sondern es in einen Zusammenhang zu stellen, ihm Bedeutung und Sinn zu geben. Bedeutung entsteht, sei es nun im Zusammenhang mit Sprache oder Musik.

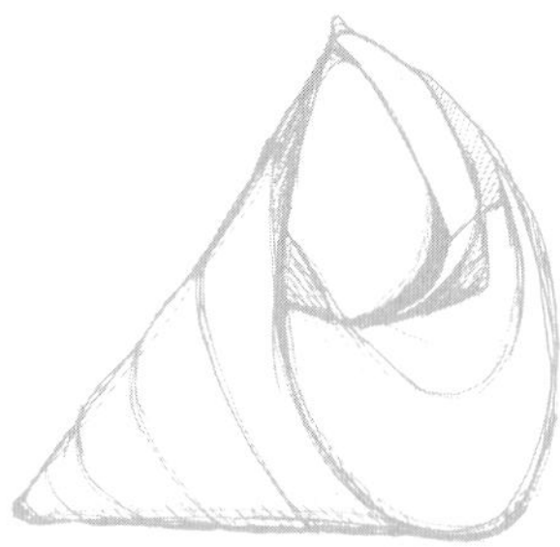

Förderung und Anregung durch Musik

- Wahrnehmen und Unterscheiden von kontrastierenden Klangereignissen: hell – dunkel, laut – leise, lang – kurz
- Wahrnehmen von Klangquellen, die sich im Raum bewegen (ohne visuelle Kontrolle)
- Spiele zum Wahrnehmen und Hören mit verschiedenen Materialien (ohne visuelle Kontrolle)
- Spiele mit Stimme, Sprache und auf Instrumenten, die Richtungshören und Raumorientierung fördern
- Musik nicht nur als klangliches, sondern als körperlich erfahrbares Ereignis erleben und in Bewegung umsetzen
- Lieder, Finger- und Handgestenspiele zur Förderung des Spracherwerbs und des auditiven Gedächtnisses
- Mit Klangspielen das Aufeinanderhören und Miteinander in der Gruppe fördern
- Gezielter Einsatz von beruhigender Musik zum Abbau von Anspannung und Aggressionen
- Horchen auf Klänge und Geräusche in der Natur (Vögel, Wasser, Wind, Regen)
- Stille als Teil des Klanges erleben – Wahrnehmen und Lauschen auf langausschwingende, obertonreiche Klänge (Klangschale, Gong, Becken, Monochord ...)
- Bewusster Umgang mit Hörmedien
- Hören und Kennenlernen von Musik aus verschiedenen Stilen, Epochen und Kulturen
- Heraushören von bestimmten Instrumenten in einem Musikstück

Der visuelle Sinn

Er nimmt optische Eindrücke durch das Auge wahr. Er reagiert auf Lichtstrahlen, unterscheidet Helligkeit, Farben, Formen, Muster und lässt uns Raumlagen erkennen. Kurt Tucholsky hat diesen Sinn einmal als unseren Gesichts-Sinn bezeichnet. Außer der Wahrnehmung optischer Reize entwickeln wir auch eine ganz persönliche »Sicht«. Wir wählen aus vielen visuellen Reizen das aus, was uns aus unserer Perspektive wichtig erscheint. Was wir wahrnehmen ist beeinflusst von Interessen und Stimmungen. Wer Zeit hat, sieht andere Dinge als der, der durch die Welt hetzt.

Der visuelle Sinn ist der Sinn, der heute am meisten gebraucht und oft geradezu strapaziert wird. Ob Reklame oder Medien, Kinder sind mit visuellen Reizen übersättigt. Der schnelle Wechsel von Bildern verhindert aufmerksames Betrachten und konzentriertes Beobachten. Auch in der Sprache schlägt sich das nieder. Es lässt sich beobachten, dass bei einer Dominanz der visuellen Reize, die die anderen körpernahen Sinne vernachlässigt, der Wortschatz verarmt.

Förderung und Anregung durch Musik

- Wahrnehmung von Instrumenten in Form, Farbe, Material
- Wahrnehmen der mitspielenden Kinder, ihres Gesichtsausdrucks, ihrer Gesten und Spielbewegungen
- Auge-Hand-Koordination (Visumotorik) durch Finger- und Handgestenspiele (Feinmotorik) sowie Bewegungs- und Tanzspiele (Grobmotorik)
- Spielen mit Material und Instrumenten sowie Bauen von Instrumenten: Zusammenwirken von Augen und Hand
- Erfassen der räumlichen Situation bei Klang- und Bewegungsspielen: Raumorientierung

- Hören und Wahrnehmen von Klangfarben und Hell-dunkel-Kontrasten und deren Umsetzung in Farbe und Form
- Visualisieren von musikalischen Eindrücken (z.B. Programmmusik), Förderung der Phantasie
- In Ruhephasen innere Bilder betrachten, die Lieder und Reime hervorrufen
- Kreatives Gestalten in Verbindung von Seh- und Hörerlebnissen, z.B. klangliches Umsetzen von Bildern oder bildnerisches Umsetzen von Musik
- Visuelles Gedächtnis, Begegnung mit musikalischen Schriftzeichen, Erfinden eigener Zeichen für klangliche Ereignisse

Der taktile Sinn

Tast- und Spürsinn empfangen ihre Reize über die Haut, ob durch Druck, Wärme oder durch Körperkontakt. Die dicht unter der Hautoberfläche sitzenden Tastkörperchen geben jeden noch so leichten Reiz weiter. Unsere Hände – aber auch die Füße und der Mund – sind besonders sensible Antennen zum Tasten, Spüren und Erforschen.

Berührungen und Hautkontakt sind lebensnotwendige emotionale Nahrung. Sie spielen eine wichtige Rolle für die Entwicklung des Körpergefühls und bedeuten gleichzeitig für das Kind die Grundlage menschlicher Kommunikation.

Förderung und Anregung durch Musik

- Lieder und Fingerspiele verbunden mit Bewegung und Berührung schaffen Kontakt mit anderen und helfen gleichzeitig mit, ein »inneres Bild« des Körpers zu entwickeln
- Verschiedene Materialien werden erkundet und erforscht
- Instrumente strahlen für Kinderhände intensive Reize aus: Form und Größe, Beschaffenheit des Materials, Struktur der Oberfläche (rau, glatt), Temperaturwahrnehmung (Metall fühlt sich kühler an als Holz), Druckempfindung (z.B. gespanntes Trommelfell, Saite ...)
- Klangschwingungen können gespürt und getastet werden, entweder am Resonanzkörper oder direkt an der Saite, Trommelfell, Becken oder Klangschale. Dabei spüren nicht nur die Hände, sondern auch Füße, Kopf und der ganze Körper die Vibrationen

Hände fühlen intensiver und genauer, wenn der visuelle Sinn nicht »mitspielt«. Gerade im Spiel mit Instrumenten überdeckt oft der visuelle Reiz und/oder der motorische Impuls die sensible Annäherung mit den tastenden und spürenden Händen. Deshalb intensiviert sich die Wahrnehmung des Tastens, wenn die Augen geschlossen sind.

Der kinästhetische und vestibuläre Sinn

Der kinästhetische Sinn registriert Reize, die nicht aus der Umgebung, sondern aus dem Körper kommen und durch Bewegung aktiviert werden. Anders als die anderen Sinnesorgane lässt er sich nicht genau lokalisieren. Dieses oft als »Tiefenwahrnehmung« bezeichnete System wird über Propriozeptoren in den Muskeln, Gelenken und tieferen Körperbereichen sowie über Tastreize über die Haut geregelt. Diese Prozesse laufen meist unbewusst ab.

Der kinästhetische Sinn umfasst folgende Wahrnehmungsfunktionen: Körperbewegung und Bewegungsfolgen, Körperstellung, Muskelspannung, Krafteinsatz.

Der vestibuläre Sinn sitzt im Ohr. Er sorgt, ohne dass wir etwas dazutun können, für Aufrichtung, Gleichgewicht und räumliche Orientierung.

Jeder Muskel unseres Körpers steht über das Rückenmark mit dem Nerv des Gleichgewichtsorgans in Verbindung. Man könnte sogar sagen, dass unser Körpergefühl im Ohr sitzt! Haltung und Motorik sowie unser Körpertonus wird über das Ohr geregelt. Durch unseren Gleichgewichtssinn im Ohr sind wir auch in der Lage, ein inneres Bild unseres Körpers im Raum zu schaffen. Gleichzeitig befindet sich hier eine wichtige Schaltzentrale für alle sensorischen Informationen, die unser Gehirn erreichen wollen.

Förderung und Anregung durch Musik

- Lieder, Reime, Spiele, die möglichst vielfältige Bewegungsanreize bieten
- Lieder, Bewegungsspiele und Spiele mit Instrumenten, bei denen Kinder innerhalb eines musikalischen Rahmens lustvoll ihre Kraft erleben können
- Spiel auf Instrumenten, um die Steuerung von komplexen Bewegungsabläufen zu fördern
- Spiele mit Material, die im Zusammenspiel des gesamten Wahrnehmungssystems alle Sinne sensibilisieren (auditiv, visuell, kinästhetisch)
- Spiel und Tanz zur Förderung des Gleichgewichtssinnes, z.B. balancieren, kreiseln, sich drehen, schaukeln
- Förderung des Sprachvermögens durch musikalische Spiele, die Gehör- und Gleichgewichtssinn (oder Tast- und Gleichgewichtssinn) miteinander verbinden
- Lieder, Bewegungs- und Tanzspiele, die die Raumorientierung fördern
- Sensibilisierung des Körperbewusstseins durch Partnerspiele
- Entspannungsübungen mit Klängen, die bewusst machen, was sonst unbewusst abläuft, und Kinder das Wechselspiel zwischen Spannung und Entspannung erleben lassen

Ganzheitliches Lernen mit Musik

Wahrnehmung ist immer ein ganzheitliches Geschehen. Auch in Situationen, in denen sich der Schwerpunkt eines Spielangebots auf einen ganz bestimmten Sinn konzentriert, spielen doch immer auch andere Sinne mit, denn Wahrnehmungsprozesse sind vielfältig und komplex. Je vielfältiger die ersten Eindrücke, desto größer die Möglichkeiten später. Das gilt auch für das Musizieren mit Kindern. Es sollte so vermittelt werden, dass sie sich auf mehreren sinnlichen Ebenen mit Lust und Phantasie darauf einlassen können. Dadurch werden sie zum eigenen Tun angeregt und können ihre eigenen Spiel- und Lernprozesse aktiv mitgestalten.

Die zwei Gehirnhälften

Ganzheitliche Lernprozesse hängen jedoch auch davon ab, wie ganzheitlich unser Gehirn arbeitet. Unser Gehirn besteht aus zwei Hälften. Diese sind durch einen Balken *(corpus callosum)* verbunden und funktionieren nach einem Überkreuzprinzip: Die rechte Gehirnhälfte verarbeitet alle sensomotorischen Sinnesimpulse der linken Körperhälfte, und umgekehrt steuert die linke Gehirnhälfte die rechte Körperhälfte. Jede der beiden Gehirnhälften arbeitet auf eine bestimmte Art.

Die linke, unsere »logische« Hemisphäre arbeitet analytisch. Sie registriert Details, Fakten, Zahlen, Zeit, Struktur ... Die rechte Hemisphäre dagegen verarbeitet Informationen ganzheitlich. Sie ist zuständig für Emotionen, kreative Ideen, Intuition, Klangempfinden, Raumwahrnehmung, Gestalt, Augenblick ... Ob wir Einzelheiten oder ganze Systeme wahrnehmen, ob wir einzelne Instrumente hören oder das Orchester als Ganzes, hängt davon ab, welche Gehirnhälfte gerade aktiviert wird.

Der Balken ist die Verbindung, die es ermöglicht, beide Hemisphären zu integrieren. Aus den zahlreichen Eindrücken entstehen komplexe Zusammenhänge. Ist der Balken gut ausgebildet, können sich unsere beiden Gehirnhälften intensiv vernetzen und wir speichern Informationen und Erfahrungen nachhaltig. Je besser also der Austausch funktioniert, desto intelligenter können wir handeln. Auch das Musizieren oder andere künstlerische Tätigkeiten leben von dieser Vernetzung.

Ein intensiver Informationsfluss zwischen rechter und linker Hemisphäre hinterlässt dabei deutliche Spuren im Gehirn. So stellten Wissenschaftler fest, dass bei Kindern mit ADS (Aufmerksamkeits-Defizit-Syndrom) der Balken auffällig schwächer entwickelt war als normal. Andererseits wurde beobachtet, dass die Gehirne von Menschen, die von Kindheit an musizieren, symmetrischer entwickelt sind. Der Balken ist stärker ausgeprägt. Das aktive Musizieren hat demnach einen starken Einfluss darauf, wie unser Gehirn in Kontexten handeln, also mehrere übers Gehirn verteilte Aufgaben verbinden kann. So müssen sich etwa beim Spielen auf einem Instrument beide Hände über den Balken hinweg koordinieren. Auch die Aktivität unseres Hörzentrums bewirkt, dass Regelkreise entstehen, die nahezu das gesamte Gehirn aktivieren.

Der Prozess steht im Mittelpunkt

Musikalische Erziehung in Kindergarten und Familie hat nicht den Ehrgeiz, einseitig spezielle Fertigkeiten zu vermitteln oder gar einzutrainieren. Ihr Ziel ist es, auf breiter Ebene musikalische Fähigkeiten zu wecken und eine Beziehung zur Musik aufzubauen. So werden elementare Inhalte und ästhetische Formen von Musik mit allen Sinnen erfahrbar – und das in einer Weise, die Kindern emotionale Beteiligung und musikalisches Handeln ermöglicht. Dieser ganzheitliche und prozessorientierte Ansatz ermöglicht es Kindern, Musik als Sprache zu erleben, in der sie sich selbst und ihre Gefühle ausdrücken und gleichzeitig auch mit anderen in Kontakt und Austausch treten können. Was bei dieser Art der musikalischen Vermittlung entsteht, was Kinder dabei selbst gestalten und zum Klingen bringen, lässt mich oft staunen.

Jetzt – in diesem Augenblick!

Musik ist eine Kunst des Augenblicks. Kein Vorher, kein Nachher – nur das Jetzt zählt, während Musik erklingt. Hören und Spielen findet gleichzeitig statt. »Kinder haben ein Recht auf den Augenblick«, dieser Satz von Janusz Korczak gilt auch für das Musizieren mit Kindern. Hier können auch wir Erwachsene Neues und Aufregendes für uns selbst entdecken. Sind wir zunächst vielleicht einseitig auf ein fertiges Ergebnis fokussiert, bei dem etwas Eingeübtes erklingen soll, so kann dies nur auf eine Weise vermittelt werden, bei der der *lehrende Ansatz* im Mittelpunkt steht. Im *elementaren Spiel* mit Musik steht jedoch das unmittelbare Erlebnis im Vordergrund, der musikalische Prozess selbst.
Dabei kann sich unser Blick weiten auf die Kinder, ihre Befindlichkeit, ihre Bedürfnisse und Fähigkeiten. Sind unsere Antennen darauf ausgerichtet, einen musikalischen Spiel- und Erfahrungsraum zu schaffen, in dem Kinder die Möglichkeit haben, die Wirkung von

Musik spontan und mit allen Sinnen zu erleben, sensibilisiert sich auch unser eigener »Sinn« für das, was Kinder brauchen und was Musik bewirken kann. Das Hier und Jetzt rückt in den Vordergrund und lässt Kinder wie auch Erwachsene spielend und musizierend zu aktiv Gestaltenden werden.

Schmetterlinge in den Ohren!

Kinder zeigen es uns täglich: Musik weckt Spiel-Lust! Alles, was klingt, wird ausprobiert und erforscht. Lieder und Fingerspiele faszinieren und regen zum Nachahmen an. Auf rhythmische Musik antwortet der ganze Körper unmittelbar mit seinen Bewegungen. Viele Male »Noch einmal!« – und jede Menge Spaß, Freude, Lust! Das ist Belohnung genug. Und Fortschritt zugleich. In keinem anderen Medium liegen die beiden Begriffe so nah beieinander: Spielen = Üben (Lernen) = Spielen.
Wo der sinnlichen Erfahrung, dem Ausprobieren und der Phantasie Raum gegeben werden, können Kinder ihr selbstorganisiertes Lernen, Wissen und Können mit der Zeit immer mehr erweitern und vertiefen. Ein kleines Lied, gehört, gesungen, gehüpft und gesprungen oder gemeinsam in der Gruppe musiziert, hat bereits große Wirkung im Gehirn. Es knipst den »Belohnungsschalter« an. Wer sich selbst belohnen kann durch eine Leistung, lernt lieber und nachhaltig, haben die Gehirnforscher festgestellt. Glücksgefühle schalten das Gehirn auf Empfang und fördern damit Lernen, Denken und Erinnern, negative Gefühle jedoch bewirken das Gegenteil. Sie produzieren Stresshormone, blockieren das Denken und fördern das Vergessen – Angst macht also tatsächlich »dumm« (Fee Czisch).

Unterstützung der Persönlichkeits- und Intelligenzentwicklung durch Musik

Bereits in der Antike sahen Philosophen und Mathematiker eine enge Verbindung zwischen Musik und Intelligenz. Was damals galt, ist bis heute aktuell und wird gerade in letzter Zeit von vielen Wissenschaftlern bestätigt. Ihre Studien und Versuche zeigen auf beeindruckende Weise, wie sich Musik auf die Entwicklung der kindlichen Persönlichkeit und Intelligenz auswirkt: Sie hat großen Einfluss auf Konzentrationsfähigkeit, Gedächtnis, Ausdauer und Lernmotivation und nicht zuletzt auf das soziale Verhalten: »Bei Bildung geht es immer um den ganzen Menschen. Wer sich nur an die Köpfe der Menschen wendet, der hat nicht den ganzen Menschen erreicht. Darum ist Musik so wichtig, sie ist eben nicht die Sahne auf dem Kuchen, sondern die Hefe im Teig ...«, sagte Alt-Bundespräsident Johannes Rau bei einer Musikpreisverleihung (7.11.2003).

Lernen macht dem Gehirn Spaß

In jedem Kind steckt die Fähigkeit, Neues auf- und wahrzunehmen und darauf zu reagieren. Dabei sind Interesse, Neugier, Entdeckerfreude, Kreativität und Spiel von zentraler Bedeutung – denn nur so bieten sich optimale Bedingungen für die Etablierung und Stabilisierung neuer Verhaltensmuster. Sie sind für die Entwicklung der kindlichen Intelligenz und Persönlichkeit entscheidend. Der Hirnforscher Manfred Spitzer wird nicht müde, dabei auf eine grundlegende Tatsache hinzuweisen: »Unser Gehirn kann nichts anderes. Es kann nicht Nichtlernen – und es macht ihm einen Heidenspaß!« Intelligenz ist nicht eindimensional: Längst hat die Wissenschaft bewiesen, dass abstraktes und logisch-mathematisches Denken, das in unserer Gesellschaft einen besonders hohen Stellenwert hat, nicht die einzige Form von Intelligenz ist. Howard Gardner spricht in seinem Buch *Abschied vom IQ* von den »multiplen Intelligenzen«. Er unterscheidet mehrere Formen der Intelligenz als Grundbedingungen menschlichen Erlebens, Denkens und Fühlens.

Sprachliche Intelligenz

Musik weckt und fördert die »sprachliche Intelligenz«. Das gilt für das Erlernen der Muttersprache ebenso wie für das spätere Erlernen von Fremdsprachen. Nach neuesten Forschungen des Max-Planck-Instituts Leipzig wissen wir sogar, dass Sprache Musik voraussetzt. So wie das Neugeborene ein ausgeprägtes Gedächtnis für vorgeburtliche Höreindrücke hat, reagiert es auch vom ersten Lebenstag an auf Klang und Sprachrhythmus von Menschen, die es umgeben. Es horcht, unterscheidet Laute, die für den Spracherwerb wichtig sind, lallt, plappert, greift, fühlt ... und kann irgendwann das Gehörte Personen und Gegenständen zuordnen. Allmählich werden auch im Plappern Sprachrhythmus und -melodie hörbar. Es spielt mit Silben und Lauten, ahmt sprachliche Muster nach.

Von mir zu dir! Die leichten Sen-Plates ermöglichen wunderbare Klangdialoge

Musikalische Intelligenz

Analog zum Spracherwerb entwickelt sich auch die Muttersprache Musik. Auch hier gibt es sensible Phasen, in denen das »Zeitfenster« weit offen steht. Wieder ist der wichtigste Energielieferant das Ohr. Hören, ausprobieren, singen, spielen ... da kann es kaum ein Zuviel geben. Neugierig und voller Wissensdurst holen sich Kinder an Sinneseindrücken das, was ihr Informationssystem verarbeiten kann. Diese körperlich-sinnlichen und emotionalen Klangerkundungen formen sich in einer Umgebung voller musikalischer Anregungen zu einer musikalischen »Muttersprache«. Ähnlich wie beim Erlernen der Sprache entwickeln Kinder Vorstellungen von Musik: Rhythmen, Melodien, Harmonien oder Instrumente – ein noch

zwar unbewusster musikalischer »Wortschatz«, der sich jedoch später mühelos aktivieren und vertiefen lässt. Um diesen Erfahrungsschatz auszuwerten, aktiviert das Gehirn noch viele weitere Bereiche, die alle mit der Hörrinde vernetzt sind.
Hans Günther Bastian, Musikpädagogikprofessor aus Frankfurt, stellt fest: »Musizieren bildet im Gehirn völlig neue Zusammenhänge, erfordert ein gigantisches Netzwerk an neuronalen Verknüpfungen ... Die aktive Beschäftigung mit Musik scheint zu bewirken, dass sich das Gehirn ganzheitlicher entwickelt – wodurch sich die Leistungsfähigkeit aller seiner Bereiche erhöht.«

Logisch-mathematische/räumliche Intelligenz

Mengen, Zahlen, Muster, Formen, Wiederholungen, Rhythmen: Mathematische Gesetzmäßigkeiten lassen sich überall in der Welt eines Kindes entdecken, erkennen und erfassen. Räumliche Intelligenz entwickelt sich im Zusammenwirken von Seh-, Hör-, Tast- und Raumerfahrungen. Sie zeigt sich in der Fähigkeit, sich etwas vorstellen zu können.
Dass die Beschäftigung mit Musik (vor allem auch klassischer Musik) die Verschaltungen im Gehirn stärkt, die wir beim logischen Denken wie auch bei der räumlich-zeitlichen Verarbeitung brauchen, bestätigten Studien mit drei- bis vierjährigen Kindern, aber auch mit Grundschülern und Studenten. Ob Singen, Spielen auf einem Instrument oder Musizieren in der Gruppe, es waren signifikante Verbesserungen bei räumlich-zeitlichen Aufgaben zu beobachten.

Körperlich-kinästhetische Intelligenz

Musik, Spiel und Tanz fördern auch unsere »Bewegungsintelligenz«. Diese Form der Intelligenz steuert komplexe Bewegungsabläufe. Kinder mit hoher Bewegungsintelligenz bewegen sich gern und geschickt. Motorik, Gleichgewichtssinn, Raumgefühl spielen zusammen, wirken aktivierend und integrierend auf das Gehirn.

Bewegung ist von großer Bedeutung für Lernprozesse. Denken, Lernen, Kreativität sind also nicht nur Prozessabläufe im Gehirn, sondern des ganzen Körpers. Gedanken brauchen die Bewegung, um sich zu verankern. Dies bestätigen auch bekannte innovative Lernforscher. Musik ist Bewegung und sie setzt wie kaum ein anderes Medium spontan Bewegungsimpulse in Gang. Musikalisches Spiel wirkt wie »Gehirnjogging«.

Intrapersonale Intelligenz

Sich selbst wahrnehmen, sich verstehen, sich selbst vertrauen, sich in seinen Gefühlen und Handlungen erleben: Dieses Wissen über sich selbst kann sich in Form der intrapersonalen Intelligenz entwickeln. Hier nimmt das Kind Kontakt mit der eigenen Innenwelt auf, mit seinen Gefühlen und Träumen, seiner Phantasie und seinen Wünschen. Es erlebt aber auch die eigenen Grenzen und Widerstände. Seine Fähigkeit, mit vielfältigen Gefühlen und der eigenen Befindlichkeit umzugehen, hat Auswirkungen auf spätere Lebenssituationen, Handlungen und Entscheidungen.

Auch hier spielt Musik eine wichtige Rolle. Sie spricht eine Seelensprache und kann uns tief berühren. Eine Vielfalt an Gefühlen findet dabei ihren Ausdruck: Glück, Angst, Zorn, Freude, Übermut ... Auf diese Weise kann Musik emotionale Wogen glätten. Innere Unruhe, Stress oder Aggressionen können abgeleitet werden. Musik muntert auf, weckt Lebensfreude und Wohlbefinden. Atem und

Herzfrequenz verändern sich, der Körpertonus harmonisiert sich, Wohlfühlhormone werden ausgeschüttet. Wir kommen in Ein-Klang mit uns selbst.

Interpersonale Intelligenz

Zur Entwicklung von Persönlichkeit und Identität brauchen Kinder ein Gegenüber, auf das sie sich beziehen können. Von klein auf entwickeln sie im Wechselspiel mit sich selbst und anderen ihre interpersonale Intelligenz: Sich mit-teilen und auf andere zugehen, Beziehungen schaffen und Freundschaften schließen, aber auch gemeinsam auf ein Ziel hinarbeiten gehören ebenso dazu wie die Fähigkeit, Konflikte konstruktiv auszuhandeln.

Emotionale Intelligenz

Von Goethe stammt der Begriff der »Herzensbildung« – Daniel Goleman hat mit seinem viel beachteten Buch *Die Emotionale Intelligenz* den Blick auf diese Form der Intelligenz gelenkt. Howard Gardner sieht ihr die Verarbeitung von intra- und interpersonalen Informationen, die Kommunikation zwischen Menschen untereinander und des Menschen mit sich selbst. Dieses Zusammenspiel der inneren und äußeren Gefühlswelt, ihre Differenzierung und Kultivierung spielt in einer Zeit, in der sich für Kinder vieles immer komplexer darstellt, eine wichtige Rolle. Und sie hat Auswirkungen auf ihre Selbstbewusstheit, indem sie ihre Gefühle und innere Befindlichkeit verstehen und ausdrücken, aber auch deren Wirkung auf andere Menschen einschätzen lernen. Wo Herzensbildung im Spiel ist, kann Kommunikation und Mitgefühl wachsen. Gleichzeitig bewirkt diese Kultivierung der Gefühle in einem Klima der emotionalen Sicherheit, dass Kindern auch kognitive Lernprozesse leichter

fallen. Denn kognitives Lernen ist nur möglich, wenn ein Gleichgewicht zwischen emotionalem, sozialem und kognitivem Lernen besteht.
Musik schafft Beziehung. Sie entfaltet sich ganz besonders im gemeinsamen Tun und Erleben. Töne, Klänge und Rhythmen sind wunderbare Mittel, um miteinander zu kommunizieren – unabhängig von Sprache, Alter, Wissensstand und Talent. Wer mit anderen gemeinsam musiziert, braucht die Fähigkeit, andere Menschen intuitiv wahrzunehmen. Spielend, singend und tanzend lernen Kinder auf andere einzugehen, mitzuschwingen in einem musikalischen Geschehen. Dabei treten sie mal in den Vordergrund, dann wieder üben sie sich darin, im Hintergrund ihre Rolle zu spielen. Sie erleben, wie spannend es sein kann, gemeinsam etwas Neues zu erfinden und kreativ zu gestalten, wobei jeder Einzelne seinen Teil zum Ganzen beiträgt.
Beeindruckende Studien bestätigen, wie sich Musik auf die emotionale und soziale Kompetenz von Kindern auswirkt: Professor Hans Günther Bastian initiierte eine Langzeitstudie an Berliner Grundschulen. Hier bekamen 120 Kinder (zumeist aus musikfernen Familien!) an fünf Schulen einen verstärkten Musikunterricht. Dieser bestand aus zwei statt einer Stunde Musik, dem Erlernen eines Instruments und gemeinsamem Spiel. Im Vergleich mit einer Kontrollgruppe mit »normalem Unterricht« war nicht nur eine allgemeine Intelligenzsteigerung, mehr Konzentrationsfähigkeit und Lernmotivation festzustellen, und das sowohl bei Kindern mit höherem wie auch bei jenen mit niedrigerem Intelligenzniveau. Es zeigte sich vor allem auch, dass sich das soziale Klima der Kinder untereinander veränderte. Das Zusammengehörigkeitsgefühl und die Kooperationsbereitschaft zwischen den Kindern verbesserte sich signifikant. Sie lehnten sich seltener ab, Außenseiter wurden schneller integriert.

Spirituelle Intelligenz

Danah Zohar und Ian Marshall haben in ihrem Buch *SQ – Spirituelle Intelligenz* einen neuen Begriff geschaffen. Diese Form der Intelligenz ist zugleich Grundlage und Basis für alle anderen Intelligenzen. Als ganzheitlich entfaltete Fähigkeit vereint sie Wissen und Weisheit. Sie gibt uns Orientierung und Sinn.
Musik taucht in Tiefen und berührt geistige Höhen. Sie kann transzendentale Wirkung entfalten und dringt in Bereiche des Unsagbaren vor. Besonders in der klassischen Musik lässt sich diese geistige Dimension heraushören. Manchmal sind es Erlebnisse, die für Kinder fast zu viel sind: »Musik ist nicht nur lustig. Als Albert Schweitzer mit acht Jahren zum ersten Mal Orgelspiel hörte, musste er sich an der Wand anlehnen, um nicht umzufallen« (Donata Elschenbroich). Sollten wir Kindern nicht mit mehr pädagogischem Mut solche Musikerfahrungen zu-muten?

Die Kunst des Hörens

Kinder hören bereits im Mutterleib. Ihr Gehörsinn ist schon nach 15 Wochen voll ausgereift. Hörerfahrungen wie Herzschlag, Atem, Körpergeräusche, die Stimme der Mutter oder Musik werden als erste musikalische Erfahrungen im Gehirn gespeichert. Sie üben einen prägenden Einfluss auf ihr Neuralsystem und ihre emotionale Entwicklung aus. Eingebettet in Klang hören Embryos mit dem ganzen Körper. Alfred Tomatis, der bekannte Hörforscher, nennt diese Erfahrung im Klangraum Mutterleib den »Klang des Lebens«. Eine Ur-Musik, die tief in uns ein Leben lang weiterschwingt.

Als Ohrenmenschen kommen Kinder auf die Welt. Ihr Hörsinn ist zunächst aktiver als der Sehsinn. Sie können Tonunterschiede wahrnehmen und erkennen schon bald, aus welcher Richtung ein Geräusch oder Klang kommt. Lieder oder sich wiederholende Klänge, rhythmisches Schaukeln und Wiegen wirken beruhigend.

Zuhören lernen

»Zuhören ist die erste Sprachfertigkeit«, meint Margarethe Imhoff, pädagogische Psychologin an der Universität Frankfurt. Unser Ohr ist die Basis für Kommunikation und das Erlernen der Sprache. Das Kind greift Worte, Sprachmelodie und Rhythmus auf, es ahmt sie nach und spielt mit ihnen. Dabei nimmt es feinste Unterschiede, z.B. zwischen ähnlichen Sprachlauten wahr und unterscheidet sie. Mithilfe seines auditiven Gedächtnisses speichert es, was es hört. Schließlich soll das Gehörte wiedererkannt und verstanden werden.

Ganz Ohr!

Die »phonologische Bewusstheit« gilt als entscheidende Voraussetzung für einen erfolgreichen Schriftsprachenerwerb. Um diese phonologische Bewusstheit zu entwickeln ist jedoch Aufmerksamkeit und Konzentration notwendig. In einer Welt der tausend Hörreize fällt es Kindern aber immer schwerer sich zu konzentrieren. Denn Ohren kann man – im Gegensatz zu den Augen – nicht verschließen, wenn's zu viel wird. Und dieses »zu viel« und »zu laut«, auch wenn es über-hört und unbewusst »weggesteckt« wird, hat Wirkungen auf Körper, Geist und Seele. Es führt zu innerer Unruhe, Ängsten und Aggression. Erzieherinnen berichten über Verhaltensstörungen und Probleme schon bei Kindergartenkindern. In der Schule stehen meist Konzentrationsprobleme im Vordergrund.

Take care of your ears!

Dieser Slogan dient als Leitmotiv für ein bundesweites Unterrichtskonzept für die Grundschule, eine Initiative, die von Ärzten, Akustikern und Musiklehrern ausgeht. Die »Stiftung Zuhören« engagiert sich unter dem Motto »Zuhören macht Spaß« und regt Schulen zu wöchentlichen »Hörclubs« am Nachmittag an.
Jedes zweite Schulkind hört zwischen einer und vier Stunden Musik täglich: Hören als stets verfügbarer Zeitvertreib, als Berieselung. Über eine Lautstärkenbegrenzung von MP3-Playern über Ohr- und Kopfhörer wird inzwischen nachgedacht. Nachgedacht? Angesichts der immer häufiger auftretenden Hörprobleme bei Kindern ist das zu wenig. Laut einem Bericht in der *Süddeutschen Zeitung* wurden bei 300 von 1000 befragten Schulkindern Symptome von Schwerhörigkeit festgestellt. Defizite in der Hörwahrnehmung können sich in der Schule verhängnisvoll auswirken. Hier wird die Fähigkeit zum Zuhören oft als gegeben vorausgesetzt, so als würden Kinder dies ganz nebenbei erlernen. Zuhören muss jedoch gelernt und geübt werden.

Wache Ohren!

Wache Ohren werden auch von uns Erwachsenen verlangt. Es lohnt sich, hineinzuhören in die Musik, mit der Kinder sich täglich umgeben. Sie ist im Kinderzimmer der heimliche Musikerzieher geworden. Musikalische Allerweltskost, die auf Hörmedien für Kinder allzu oft zu finden ist, schränkt die Hörfähigkeit eher ein. Steriler Computersound, standardisierte Musikfloskeln und aufgepeppte Plattheiten verführen allenfalls dazu, den Lautstärkeregler nach oben zu drehen und Musik als akustischen Dauerlutscher zu konsumieren. Da Hörmedien, ganz gleich wie gut oder schlecht gemacht sie sind, einen »Hörzwang« auf Kinderohren ausüben, ist es wichtig, dass sie sich nicht die Ohren verderben.

Die Auswahl an Musik spielt daher eine große Rolle. Sie sollte Musik verschiedenster Stilarten umfassen: klassische Musik, moderne Musik, Jazz, Musik aus anderen Ländern und Kulturen. Auch die Lieblingsstücke der Kinder haben hier ihren Platz.
Keine Angst vor Klassik! Kinder haben spontan Zugang zu dieser Musik. Gerade große Komponisten konnten sich wunderbar in die Seele von Kindern einfühlen und haben Stücke geschaffen, die die Phantasie Purzelbäume schlagen lässt. Da werden Geschichten erzählt, Naturstimmungen erlebt und Bilder in Klängen gemalt. Instrumente bekommen ein märchenhaftes Eigenleben und kleine Tänze verlangen nach augenblicklicher Umsetzung des Gehörten in Bewegung.

Kinder fördern durch aktives Hören

- Bunt und vielgestaltig lässt sich Zuhören üben durch Hörspiele und Horchabenteuer, Ohrenrätsel und Horchspaziergänge: Sie aktivieren den auditiven Sinn und schließen auch andere Sinne mit ein
- Musik hören und in freie Bewegung umsetzen
- Formen hörend erfassen, indem sich die Bewegungen auf Neues einstellen bzw. verändern
- Musik mit Klanggesten, Material oder passenden Instrumenten begleiten
- Musik hören – Bilder sehen. Bilder hören – Musik sehen. Hörerlebnisse bildhaft darstellen
- Zur Musik malen, ihren Rhythmus, ihre Dynamik in Bewegungsspuren festhalten. Klangfarben, Schattierungen, Mischungen in Farben und Formen ausdrücken

- Musikalische »Life«-Situationen sind Hörerlebnisse der besonderen Art:
  Hier können Kinder einem Musiker zuhören, Instrumente kennen lernen, an Proben oder Kinderkonzerten teilnehmen
- Aufmerksamkeit und Konzentration durch Horchen auf Klänge und Musik
- Lauschend zur Ruhe und Entspannung kommen

Die Kraft aus der Stille

Musik beginnt nicht mit dem ersten Ton,
sondern mit der Stille davor,
und sie endet nicht mit dem letzten Ton,
sondern mit dem Klang der Stille danach.

Giora Feidman, Klarinettist

Nach innen lauschen

Kinder sind mit allem verbunden, was sie umgibt. Ihre Antennen sind auf das Leben in seiner ganzen Fülle und Vielfalt gerichtet. Sie suchen Nähe und Geborgenheit, Kontakt mit allem um sie herum. Leider droht ihr inneres Gleichgewicht immer wieder verloren zu gehen in einer oft lauten und schnelllebigen Welt voller Eindrücke und Reize. Es fällt Kindern schwer, von sich aus einen Ausgleich und Ruhepol zu finden.

Das Erleben der Stille öffnet Kindern eine Tür zu einer Wirklichkeit, die hinter dieser oft so reizintensiven Welt liegt. Sie erfahren dabei eine andere Realität, jenseits des Hörbaren und Sichtbaren. Der Alltag mit seiner Hektik rückt ferner. Entspannende Übungen und Spiele begleiten die Kinder vom Lauten zum Leisen, von außen nach innen. Es darf geträumt werden. Ruhe ist gewünscht und erlaubt. Wir nehmen und geben uns Zeit zum Horchen und Lauschen, Atmen, Tönen, Summen und Singen. Stilleübungen haben Auswirkungen auf Körper, Psyche und Geist. Sie fördern Entspannung und gleichzeitig auch die Konzentration.

Unser Ohr – das »Tor zur Seele«

Inseln der Ruhe und Räume der Stille zu öffnen spielt deshalb in einer Erziehung durch Musik eine wichtige Rolle. Zum Klang gehört die Stille, zum Horchen das Innehalten. Deshalb sind Stilleübungen immer auch Wahrnehmungsübungen. Dabei spielt das Ohr eine wichtige Rolle. Nicht von ungefähr bedeuten die japanischen Schriftzeichen für Meditation Folgendes: »Hören! Hören! Hören! Mit Hand und mit Herz!« Wenn das Ohr also der Weg, das Tor zur Seele ist, kommt Stilleübungen, die alle Sinne, besonders aber das Ohr miteinbeziehen, eine zentrale Rolle in der Erziehung von Kindern zu.
Kinder, die nicht mehr hören, lauschen und horchen lernen (auch der Begriff ge-horchen hat hier seine Wurzeln!), tun sich schwer, Musik zu erleben, Sprache zu lernen, Informationen aufzunehmen und weiterzugeben, Zwischentöne wahrzunehmen, andere zu verstehen.

Wege in die Stille

Wie oft hören Kinder den Satz »Sei doch endlich still!«. Kein Wunder, dass Stilleübungen zunächst wenig attraktiv scheinen. Es sei denn, es gelingt uns, sie dazu einzuladen. Ihnen einen Raum zu öffnen, in dem nicht nichts passiert, sondern in dem sie sich selbst erleben, ihren inneren Bildern begegnen, in dem sie sich wohlfühlen. Doch wie kann dieser Weg in die Stille aussehen? – Zunächst tut sich ein Weg auf, der uralt ist: der Weg des Klanges. Probieren Sie es selbst mit einer Klangschale, einer Triangel, einer Zimbel aus: Sobald der Ton erklingt, wird er wieder leiser und verklingt. Dann ist es still. Das ist der Weg, den uns der Klang zeigt.

Vom Lauten zum Leisen

Manchmal braucht es einen Paukenschlag, ehe das Leise und die Stille folgen kann: wenn Kinder angespannt sind und voller Energie, die sich nicht Luft machen kann. Wenn sie wie angefüllte Flaschen sind, in die kein Tropfen mehr hineinpasst, fällt es ihnen schwer, sich auf eine Stilleübung oder Traumreise einzulassen. Hier öffnet Bewegung, Trommeln und körperbezogenes Spiel den Weg: schütteln, trommeln, drehen, hüpfen, sausen ... damit sich Unruhe Luft machen kann. Wenn die Musik am Ende immer leiser wird, beruhigen sich auch die Bewegungen der Kinder und ihre Aufnahmebereitschaft für die anschließenden ruhigen Spiele wächst.

Musikalische Traumstunden

Klänge öffnen den Raum zur Stille. Dies kann das Lauschen auf die Natur selbst sein, aber auch Klangbilder auf CDs mit Meeresklängen oder anderen Naturgeräuschen. Ruhige Musik, die in etwa dem Herzrhythmus entspricht, sei es nun Meditationsmusik oder Werke aus der Klassik, wirkt ebenfalls entspannend. Mantra-artige Wiederholungen und in sich kreisende kleine Melodien eignen sich ebenfalls (z.B. »minimal music« von Philipp Glas).

Beruhigende Musik, eingewoben in Naturklänge, gibt es speziell für Themen zu Traumreisen und Entspannungsgeschichten. Ob Kinder dabei dem »Traumpfad« folgen, sich auf dem »Zauberfloß« den Fluss hinuntertreiben lassen oder das Geheimnis des »Klangwalds« erleben, immer sind es Klänge, die das gesprochene Wort begleiten und Ruhephasen vor und nach einer Traumreise intensivieren können. (Musik zu Traumreisen ist u.a. zu finden auf der CD *Zauberwelt der Klänge* von D. Kreusch-Jacob, Kösel-Verlag.)

Sollte sich herausstellen, dass Kinder sich zu einer bestimmten Musik hingezogen fühlen, kann sie eine Zeit lang zum geliebten Ritual werden, das signalisiert: »Jetzt beginnt unsere Traumstunde!«

Leise Töne mit der Mini-Kalimba, dem Daumenklavier

Stille-Lieder

Lieder, die in die Stille führen, sind einfach. Meist folgen sie einem alten Muster: den Liedern, die überall auf der Welt Mütter für ihre Kinder singen, um sie zu beruhigen. Sie erinnern an Herzschlag, an Schaukeln und Wiegen. Die Melodie verläuft ohne große Sprünge und auf den Grundton bezogen. Ein immer wiederkehrender Refrain, ein kleines wiederholtes Motiv wirken entspannend und lösend.

Auch viele ganz »normale« Lieder können in die Stille führen. Wir können sie in jedem Liederbuch entdecken – vorausgesetzt ihr Inhalt lädt zum Betrachten und Verweilen ein. Allerdings verlangen solche Lieder von uns den Mut zur Pause! Damit geben wir den

Lauschen auf den Klang der Klangschale

Kindern zwischen den einzelnen Strophen Zeit, die Bilder mit ihrem »Traum-Auge« in Ruhe zu betrachten und dem nachzugehen, was der Text in ihnen wachruft. Damit diese Pausen nicht als musikalisches »Niemandsland« empfunden werden, begleitet ein leise gesprochener Hinweis oder Klänge auf einer Zimbel oder Klangschale dieses innere Nachschwingen. (Vgl. D. Kreusch-Jacob: *Mit Liedern in die Stille,* Patmos Verlag.)
Doch es müssen nicht einmal Lieder sein. Bereits das freie Spiel mit der Stimme löst Schwingungen aus, die Körper und Seele gut tun. Beim Summen und Tönen werden »schlafende« Töne in uns wach. Die eigene Stimme kann viel für das körperliche und seelische Gleichgewicht tun: Singen und Summen ist ein leichter und lustvoller Weg, um die verlorene Harmonie wiederzugewinnen.

Was Kinder in der Stille erleben

- Zeit haben
- Sich zurückziehen vom alltäglichen Trubel
- Stille und Konzentration erfahren
- Sich selbst spüren, Körperkontakt durch Berührung und Massage erleben
- Sich mit dem Atem verbinden
- Die eigene Stimme hören und ihre Schwingung spüren (tönen, summen)
- Klängen nachlauschen, sie als Vibration spüren (Klangmassage)
- Ruhige Musik hören
- Beziehung und Nähe zu vertrauten Menschen erfahren
- Wahrnehmen mit allen Sinnen
- Die eigenen Gefühle ausdrücken
- Träumen, inneren Bildern begegnen
- Das Erlebte schöpferisch zum Ausdruck bringen (malen, tanzen, Mandalas legen oder mit Ton arbeiten)
- Selbstvertrauen und innere Sicherheit gewinnen

Das Spiel mit Stimme und Sprache

Ganz oben auf der Hitliste der Aktivitäten im Kindergarten steht das Singen. Was Umfragen herausgefunden haben, können Eltern und ErzieherInnen jeden Tag beobachten: Kinder singen gerne. Ihr »Zeitfenster« für die »Kultivierung des vokalen Ausdrucks« steht gerade im Kindergartenalter weit offen, das haben empirische Untersuchungen von Stefanie Stadler Elmer bestätigt.

Singen in einem ganzheitlichen Sinn schließt auch das ein, was Kinder aus sich selbst heraus singen: Seien es nun musikalische Frage- und Antwortspiele zwischen den Kindern oder mit der Erzieherin, sei es singendes Erzählen. Beides gehört zusammen und bildet eine Grundform des musikalischen Verhaltens von Kindern. So tauchen Verse, Märchen, Bilderbuchgeschichten, Liedtexte oder -melodien in improvisierter Form noch einmal auf und festigen sich in der Erinnerung. Dies wirkt sich nicht nur auf die musikalische Entwicklung aus, sondern auch auf das Sprachbewusstsein und die Sprachkompetenz.

Singen tut gut!

Singen oder spielen mit der Stimme bedeutet auch, sich selbst zu spüren. Sich lockern und öffnen – denn Klang braucht Raum. Wir selbst werden zum Resonanzraum. Die Bronchien dehnen sich aus, Zwerchfell und Kehlkopf aktivieren sich. Der Atem wird zu Klang.

Die stärkere Versorgung des Körpers mit Sauerstoff, das Zusammenspiel von Haltung und guter Körperspannung wirkt sich anregend auf das allgemeine Wohlbefinden aus. Singen wirkt klärend und ausgleichend auf die Psyche. Wie in einer psychologischen Studie der Universität Münster festgestellt wurde, stärkt regelmäßiges Singen sowohl die körperlichen als auch seelischen Kräfte.

Mit Liedern spielen

Lieder rufen nach Begleitung. Hier können Körperinstrumente, klingendes Material oder Instrumente Rhythmus und Farbe geben. Singen fordert die Motorik heraus und weckt spontan Bewegungslust. Und diese Bewegungslust sucht immer auch andere Bewegungslustige, die mitspielen und mittanzen wollen. Ob sich Finger in einem Spiellied bewegen oder ob bei Kreisspielen erste Kommunikationsformen geübt werden, immer sind Bewegung und das Sichausdrücken mit der Stimme eng verbunden.
Lieder können wie lebendige Bilderbücher sein. Sie regen zu szenischer Darstellung an. Ihre Geschichte kann in bunter Folge als Schattenspiel, mit Masken oder in Form eines Guckkastentheaters erzählt werden. Und schließlich halten Kinder ihren Liederschatz in Bildern und selbstgemachten Bilderbüchern fest.

Blick über den Zaun

Lieder und Verse können offene Türen sein. In den Familiensprachen der Kinder gesprochen und gesungen, haben sie einen wichtigen Platz im musikalischen Kindergartenalltag. Sie ermöglichen das Kennenlernen fremder Sprachwelten, vor allem in Einrichtungen mit einem hohen Anteil von nicht deutsch sprechenden Kindern. Der Blick über den Zaun schafft Begegnungen mit anderen Spra-

Schläft ein Lied in allen Dingen ...

chen und Kulturen. Lieder und Sprachspielereien, Raps und Wortmusik sind musikalische Sprachförderung. So wurde festgestellt, dass Singen bzw. gesungene Sprache besonders intensiv und erfolgreich in der Therapie mit Kindern eingesetzt wird, die unter Wahrnehmungs- und Sprachschwierigkeiten leiden.

Hilfe, die Kinder wollen mit mir singen!

Diesen oft gehörten Hilferuf von Erzieherinnen haben Musikverbände seit einiger Zeit aufgegriffen, die Fortbildungsseminare unter diesem Titel anbieten. Sie sollen vor allem musikalisch unsichere Erzieherinnen dazu befähigen, adäquat auf die Singfreude der Kinder zu reagieren und ihr Singbedürfnis aufzugreifen.

Eine wichtige Rolle spielt dabei das Verhältnis des Erwachsenen zu seiner eigenen Stimme. Oft ist diese aufgrund der täglichen Gruppensituation angestrengt und überfordert. Häufig hängt die Unlust oder Unsicherheit aber auch mit Erlebnissen aus der eigenen Kindheit zusammen, die sich nach enttäuschenden musikalischen Erfahrungen wie Mehltau über die Stimme legen. Solche seelischen Verletzungen können unser stimmliches Ausdrucksvermögen völlig blockieren und uns jede Lust zum Singen nehmen.

Umso wohltuender das Erlebnis, ganz allmählich wieder Kontakt zur eigenen Stimme zu spüren und zu entdecken, dass das ureigenste Instrument wieder an-spricht und zum Singen kommt. Singen ist oft nicht so sehr eine Frage des Könnens, sondern des Vertrauens und Zulassens. Schon ein entspanntes Summen oder tastendes Probieren kann uns zu weiteren Entdeckungen führen.

Eine dieser Entdeckungen könnte sein, dass wir spüren, wie gut uns Singen tut: welche Möglichkeiten sich für unsere Seele auftun, was für Gefühle auftauchen, welche emotionalen Ausdrucksmöglichkeiten sich für uns selbst öffnen.

Eine andere mögliche Entdeckung: Kinder achten oft gar nicht so sehr auf eine »schöne« Stimme oder »richtige« Töne, sondern sie nehmen das wahr, was hinter einem kleinen Lied steckt. Sie hören auf das, was wir mit unserem Singen sagen wollen, spüren den Unterton, hören Zwischentöne und emotionale Botschaften heraus. Sie lassen sich von unserer Begeisterung anstecken oder nehmen unsere Bereitschaft wahr, durch Singen Wärme und Nähe zu schaffen.

Kinder fördern durch Singen und Sprachspiele

- Erforschen und entdecken des »Instruments« Stimme, Lautmalereien und Spiele mit Silben und Wörtern
- Einbeziehung des singenden Erzählens als Grundform des musikalischen Ausdrucks
- Freude am Singen
- Singend selbst Melodien fortführen, erfinden, improvisieren
- Pflege und Entwicklung der Sprech- und Singstimme
- Singen von Liedern als Möglichkeit einfache sprachliche und musikalische Formen, Tonhöhen, Intervalle, einfache Melodieverläufe wahrzunehmen
- Förderung des rhythmischen Gefühls
- Lieder mit Instrumenten begleiten
- Andere ästhetische Gestaltungsmöglichkeiten miteinbeziehen wie das Spiel mit Farben, szenisches Spiel, Klangspiele ...
- Beziehung zu anderen aufnehmen durch gemeinsames Singen und Erleben
- Beziehung zu anderen Kulturen/Sprachen schaffen durch Reime, Lieder oder Kreisspiele
- Themen, Inhalte, Erlebnisse werden durch Lieder vorbereitet, vertieft, wiederholt, zusammengefasst

Musik und Bewegung

Kinder wollen und müssen sich bewegen. Ihr Lebensgefühl, ihre Gesundheit, ihr Körperbewusstsein hängen davon ab. Bewegung ist für sie ein Grundbedürfnis, bedeutet für sie Entwicklung und Wachstum. Niemand muss Kinder zur Bewegung motivieren, sie sind (intrinsisch) hoch motiviert.

Bewegungsräume sind Lebensräume

Auch wenn die Umwelt von Kindern heute von äußerer Mobilität geprägt ist, so leben immer weniger Kinder in einer Umwelt, in der sie ihre lebensnotwendigen Bewegungserfahrungen machen können. Die Bewegungsräume sind kleiner geworden, die ihnen genügend Möglichkeiten zum Entdecken, Erproben, Trainieren und auch Riskieren bieten. Das hat Auswirkungen auf ihre körperliche und gesundheitliche Entwicklung. Es erschwert das Ableiten von angestauter Energie, führt zu Unruhe und Aggression.

Räume, in denen Bewegung stattfinden darf, werden für Kinder zu Lebensräumen: Sei es draußen (Wiese, Wald, Hof, Garten ...) oder drinnen. Räume müssen nicht immer groß sein. Auch kleine Räume »wachsen«, wenn wir mehr Leben zulassen. Wenn kindliche Bewegungslust nicht immer dem Ruhe- und Ordnungsbedürfnis der Erwachsenen gehorchen muss. Wenn auch Flure und Ecken, Tische und Stühle mitspielen dürfen. Wenn in ihnen Musik erklingt und zur Bewegung einlädt ...

Lernen braucht Bewegung!

In den ersten sieben Lebensjahren sollten Kinder alle Möglichkeiten der Bewegung und des Gleichgewichts kennen lernen und erforschen. Ein positives Körpergefühl, Raumlagewahrnehmungsvermögen und gute Koordination von Bewegungen beflügeln auch die Entstehung von neuralen Netzwerken im Gehirn. Denken findet nicht nur im Kopf statt! Lesen und schreiben lernen durch Schaukeln und Hüpfen? Nur in Verbindung von Bewegungsimpulsen und Sinneswahrnehmungen können sich Lernprozesse organisieren und effektiv gespeichert werden. Mit der Bewegung öffnet sich das Tor zum Lernen.

Hier entschlüsselt sich auch der Wortsinn des Begriffs Sensomotorik (lat. sensus = Sinn, Motorik = Bewegung): Wahrnehmen, Bewegen, Empfinden. Dieser Weg über vielfältige Wahrnehmungs- und Bewegungserfahrung schafft optimale Bedingungen, unter denen Kinder ihre Lernprozesse auf allen Ebenen effizient und nachhaltig gestalten können. Je bewegter Kinder ihre Umwelt erleben, desto günstiger wirkt sich dies auf ihre körperliche, psychische und geistige Entwicklung aus.

Mit Musik und Spiel kann die »sensomotorische Intelligenz« (Jean Piaget) ganzheitlich gefördert werden. Hier können Kinder hören, tasten, spüren, sehen ... und diese Sinneserfahrungen gleichzeitig mit Bewegung verbinden. Denn Musik setzt bei Kindern spontan physische und emotionale Bewegungsimpulse frei. Musik ist Bewegung, ihr Rhythmus, ihre Dynamik drücken Lebendigkeit aus. Außerdem macht Musik Spaß – und dieses positive Gefühl bewirkt wiederum, dass Kinder das Gelernte besser verankern und gleichzeitig fähig werden, es zum Ausdruck zu bringen.

Motion (Bewegung) und E-motion (Gefühle) wirken zusammen

Bewegungslust und Spielfreude gehören zusammen. Sie sind intensiv mit der Gefühlswelt des Kindes verknüpft. Der Ursprung des Begriffs »E-motion« weist bereits auf die ihm innewohnende Dimension der Bewegung hin. Gefühle und Stimmungen beeinflussen unsere Bewegung. Dies wird sichtbar in unserer Haltung und Körpersprache. Und umgekehrt beeinflusst Bewegung auch unsere Gefühle. Mit dem Begriff Psychomotorik lässt sich diese enge Verbindung des Psychisch-Geistigen sowie des Körperlich-Motorischen beschreiben.
Emotionen treten am Schnittpunkt von Körper und Geist auf (Carla Hannavord). Zusammen mit Bewegung beeinflussen sie die Plastizität unseres Nervensystems. Denn unser Gehirn ist in der Lage, sich immer neuen Einflüssen anzupassen. Lernen führt also dazu, dass sich die Gehirnstruktur verändert. Jeder Sinnesreiz, jede Information bekommt im Gehirn einen emotionalen Stempel, ehe er weitergeleitet wird. Die große Zahl an emotionalen Verbindungen in allen Bereichen unseres Gehirns bewirkt so ein ständig wachsendes Wissen.

Musik weckt Bewegungslust

Musik kann also auf vielfältige Art Körpergefühl, Haltung und Motorik anregen und beeinflussen. Hier bieten sich zahlreiche grob- und feinmotorische Erfahrungen. Kinder können Rhythmus erleben und sich im freien Tanzen zur Musik in ein inneres und äußeres Gleichgewicht tanzen. Zugleich fordert freies Tanzen sie dazu heraus, im spontanen Reagieren auf die Musik ihre individuellen Möglichkeiten zu erweitern und neue Bewegungs- und Ausdrucksformen zu finden.
Viele Spiel- und Bewegungslieder und unzählige Reime stecken vol-

Voller Körpereinsatz beim Trommeln

ler bunter Anregungen zum Kringeln und Ringeln, Stampfen, Wackeln, Hüpfen und Schweben. Hier wirken Musik, Sprache und Bewegung zusammen.

Bewegung schafft Begegnung

Das Spiel mit Musik und Bewegung verbindet. Es fördert die emotionalen und sozialen Fähigkeiten von Kindern. Ob sie tanzend Kontakt mit einem anderen Kind aufnehmen oder in Kreis- und Reigenliedern erste musikalische Begegnungsrituale erleben: Immer ist Begegnung im Spiel. Kein Wunder, dass überall in der Welt ähnliche Spielformen auftauchen.

Bewegung und Tanz sind in anderen Kulturen oft selbstverständlicher Anteil im Alltagsleben. Gerade in Gruppen mit Kindern aus verschiedenen Sprach- und Kulturkreisen fördern Kreisspiele oder Tänze das Miteinander und die soziale Integration.

Besser singen durch Bewegung

Sogar auf die Stimme wirkt sich das Spiel mit Bewegung aus. Kinder singen lieber und besser, wenn sie dabei nicht still sitzen müssen. Ob sie Töne sauber treffen, Melodien und Rhythmen wiedergeben können, hängt auch davon ab, wie sie ihre Bewegungen koordinieren können.

Die Beherrschung der Grobmotorik sowie die Geschmeidigkeit und der Fluss ihrer Bewegungen wirkt sich auf die feinmotorische Arbeit im Kehlkopf aus. Moshe Feldenkrais stellt den Bezug her zwischen Koordination des stimmlichen Ausdrucks und Becken, Wirbelsäule, Schultern, Armen, Beingelenken, Kiefer sowie dem Kopf. Töne werden als Spannung wahrgenommen und gespürt (Stimmlippenspannung), Rhythmus teilt sich über Bewegungserfahrungen mit. Kinder lernen dies ganz von allein. Gerade bei den Kleinsten lässt sich dieses Zusammenspiel von Körper und Stimme beobachten. Vor- und Nachsingen, Rhythmus klopfen und -zählen bleiben ohne Wirkung, wenn der ganze Körper nicht mitspielen kann.

Dies gilt auch für das Spiel auf Instrumenten. Man braucht einem Kind nur ein Instrument oder etwas anderes Klingendes in die Hand zu drücken: Augenblicklich wird es seine Spiellust entdecken. Jedoch braucht die Fähigkeit zur Kontrolle von Bewegungsabläufen und die Entwicklung der Feinmotorik seine Zeit.

Wenn Hände spielen oder Finger tanzen sollen, müssen Kinder vorher ihre vielfältigen grobmotorischen, körperlichen Erfahrungen gemacht haben. Je freier und unkoordinierter sie sich körperlich ausdrücken können, je mehr die ersten Instrumente ihre elementare Bewegungslust ansprechen, desto lieber werden sie danach greifen.

Kinder fördern durch Musik und Bewegung

- Bewegungslust und Spielfreude aufgreifen und erhalten
- Körpererfahrung und Selbstwahrnehmung
- Körperlich-seelisches Wohlbefinden und innerer Ausgleich
- Motorik (Grob- und Feinmotorik), Koordination und Reaktionsvermögen
- Musik und Tanz als Ausdrucksform von Gefühlen und Stimmungen erleben und gestalten
- Vielfältige Wahrnehmungsförderung durch Einbeziehen von Materialien (Tücher, Bänder, Bälle ...) und Instrumenten (Rasseln, Klanghölzer ...)
- Musik und Bewegung im Zusammenwirken aller Sinne erfahren – auditiv, visuell, taktil, kinästhetisch, vestibulär
- Sensomotorische Umsetzung von Musik oder Liedern, Reaktion auf Tempo, Dynamik, Lautstärke
- Konzentration, Achtsamkeit und Aufmerksamkeit durch Bewegungserfahrungen fördern
- Freude an der gemeinsamen Bewegung mit anderen
- Soziale Kompetenz durch das Spiel in der Gruppe
- Sprachförderung durch Einbeziehen von Versen, Liedern und Geschichten
- Spontanes Erfassen und Gestalten von musikalischen Formen und Abläufen über die Bewegung
- Tanzformen und Bewegungslieder aus anderen Kulturen kennen lernen
- Ableiten von Anspannung und Unruhe
- In Ruhephasen den inneren Rhythmus erleben

Zum praktischen Gebrauch dieses Buches

Im folgenden praktischen Teil des Buches sind in bunter Folge Ideen und Spiele versammelt. Diese können sowohl einzeln herausgegriffen werden, als auch in zusammenhängender Folge als Spielprojekte eingesetzt werden. Jedes Kapitel rankt sich um ein Thema, das in Liedern, Fingerspielen, Reimen sowie Bewegungs- und Instrumentalspielen vermittelt wird. Außerdem bestehen Querverbindungen zu anderen Bereichen wie ästhetisches Gestalten, Sprachbildung und Literacy, szenisches Spiel, akustisch-physikalische Experimente, Einblicke in Kunst und andere Kulturwelten.

Lieder

Lieder haben einen starken emotionalen Aufforderungscharakter. Sie ziehen sich wie ein roter Faden durch die einzelnen Kapitel. Melodie und Text werden zum musikalischen Spielmaterial, das zum Nachahmen anregt, aber genauso auch zum Verändern und Ergänzen. Wenn Kinder sich mit einem Lied vertraut machen sollen, brauchen sie die Möglichkeit, ihm immer wieder zu begegnen – es muss ja nicht immer in derselben Form sein. Deshalb blitzen die Lieder in den Kapiteln immer wieder in anderer Form auf, einmal als Sprach- oder Fingerspiel, dann wieder als Bewegungsspiel. Sie werden von Instrumenten begleitet oder erscheinen in bunten Farben auf dem Papier.

Alle Lieder sind mit Gitarrengriffen versehen und lassen sich einfach begleiten. Sollten sie nicht Ihrer oder der Stimmlage der Kinder entsprechen, bitte mit Hilfe eines Kapotasters transponieren.

Spiele

Musik bietet einen großen Spielraum für Kreativität. Die folgenden Spiele und Ideen bieten eine Vielfalt von Ausdrucksmöglichkeiten, sei es nun mit der Sprache, mit Klängen oder im Tanz. Ob Feuervogel, Elefant oder Löwe Zappelfraß, Kinder lieben es, sich in andere Rollen hineinzuversetzen. Dabei bietet sich die Möglichkeit, auch ungewohnte und unbekannte Seiten von sich selbst zum Ausdruck zu bringen. Auf diese Weise entdecken Kinder voller Neugier und Spiellust immer mehr Facetten ihrer Persönlichkeit. Ein wichtiger Übungsimpuls für ihre geistige Entwicklung!
Auch Regelspiele haben hier ihren Platz. Sie bieten einen Rahmen, innerhalb dessen ein Gruppengeschehen ablaufen kann. Und sie vermitteln Sicherheit und Struktur. Dabei ist es notwendig, eine Balance zwischen einem offenem Spielrahmen und strukturgebenden Regeln zu suchen. Was brauchen Kinder in der jeweiligen Situation? – Jedes Spiel kann im Schwerpunkt verlagert werden. Entweder brauchen Kinder mehr Offenheit und Zeit für gestaltendes Spiel, in das sie gerade vertieft sind, oder sie brauchen Struktur und sind bereit und neugierig, auch engeren Vorgaben zu folgen.
Regeln bieten immer Anlass für Gespräche. (Aber das können Sie leider nicht in diesem Buch lesen!) Zwischen den Zeilen und hinter jeder einzelnen Spielregel ist Raum für Regeln, die die Kinder in der Gruppe selbst vereinbaren. So können sich Klang-, Sprach- oder Bewegungsspiele immer wieder ändern, neu gestalten und entwickeln. Auf diese Weise bleiben musikalische Spielprozesse im Fluss. Dieser Zuwachs an Lebendigkeit kann tiefgehende Wirkungen auslösen, die sich in der persönlichen Entwicklung, im Lernverhalten und im sozialen Miteinander zeigen.

Instrumente

Instrumente lösen Spielimpulse aus. Dieser Aufforderungscharakter teilt sich unmittelbar mit. Kaum haben Kinder ein Instrument in die Hand genommen, bringen sie es auch schon zum Erklingen. Die Gestaltungsvorschläge und Spielideen in diesem Buch nehmen das Instrument beim »Wort«, d.h. bei seiner ursprünglichen Bedeutung. Es ist Werkzeug – und Spielzeug zugleich. Und dieses musikalische Spielzeug ermöglicht Kindern sinnliches Erleben und eigenen Ausdruck, aber auch spielerischen Kontakt mit anderen.

Hinweise auf geeignete Instrumente siehe Seite 227 ff.

Selbst gebaute Instrumente

Ein einfaches Instrument selbst zu bauen ist für Kinder eine spannende, kreative Beschäftigung. Deshalb finden sich im Verlauf dieses Buches immer wieder Anregungen zu diesem Thema. Diese Impulse ergeben sich oft wie von selbst im Experimentieren und Aushorchen von klingendem Material. Dabei werden gleichermaßen die handwerklichen wie auch ästhetischen Fähigkeiten herausgefordert. Denn jedes Instrument bekommt schließlich durch Farbe und Form seine ganz persönliche und unverwechselbare Gestalt. Sei es nun eine Trommel, eine Rassel oder ein kleines Saiteninstrument – immer findet hier ein intensiver Lernprozess statt. Kinder können dabei ihre Aufmerksamkeit auf einen größeren Zusammenhang lenken, der das Thema »Instrument« von vielen Seiten begreifbar macht. Sie lernen, wie man lernt.

Begegnung mit anderen Kulturen

Musik ist ein ideales Medium, um Kinder in die Begegnung mit unterschiedlichen Kulturen zu führen. Begeistert greifen sie fremde Sprachklänge und Musik auf. Deshalb sind in diesem Buch immer wieder Verse, kleine Spracheinblicke, Lieder und musikalische Aktionen zu finden, die den Blick auf das »Fremde« lenken. Im Wechselspiel zwischen Begegnungen mit der eigenen musikalischen Kultursprache und vielleicht noch ungewohnten Klangwelten kann sowohl Identifikation mit dem Vertrauten als auch Offenheit für das Andere entstehen.
Anders als bei uns gehört Musik in anderen Kulturkreisen ganz selbstverständlich zum Alltag. Daher bietet es sich an, in der Arbeit mit diesem Buch immer auch den musikalischen Hintergrund der Kinder miteinzubeziehen, die nicht aus unserem Land stammen, sei es in Liedern, Tänzen oder Volksmusik. Der Besuch des afrikanischen Trommlers auf Seite 184 mag nur ein Beispiel von vielen möglichen sein.

Begegnung mit der Welt der Kunst

In jedem Kapitel sind Anregungen zu finden, die Kindern Erfahrungen mit der Welt der Kunst vermitteln. Manchmal sind es Bilder bekannter Maler oder Werke großer Komponisten. Sie beziehen sich immer auf das Thema, geben ihm eine andere Dimension. Wenn alle Sinne hörend, schauend, tastend, spürend, tanzend und malend sich dem annähern können, machen sich Kinder schon früh mit unbeschwerter Offenheit mit der Welt der Kunst vertraut. Und kommen dabei selbst in ihrer Kreativität zum Zug.

Entspannung und Ruhe

In jedem Kapitel finden Sie auch Spiele, die zu Ruhe und Entspannung führen. Hier ist Raum für das Leise und für die Stille. Kinder entdecken ihren eigenen Rhythmus und finden damit den Weg von außen nach innen. Nach bewegungsintensiven Spielen und so mancher Turbulenz in der Gruppe kehren sie zu sich selbst zurück. Solche »schöpferischen Pausen« können Kinder im Liegen, im abgedunkelten Raum oder mit geschlossenen Augen erleben.

Atmosphäre

Das Spiel mit Musik erfordert eine Atmosphäre des Angenommenseins. Fällt es nicht manchmal schwer, den musikalischen Ausdruck von Kindern wahr- und ernst zu nehmen? Sind wir nicht allzu oft darauf fixiert, dass das wiedergegeben wird, was wir vorgesungen oder vorgespielt haben? Akzeptieren wir das Suchen unserer Kinder, ihr lustvoll experimentierendes Spiel, das den Lernprozess – auch den der musikalischen Sprache – begleitet? Lassen wir Kreativität zu oder versuchen wir sie in eng abgesteckte Bahnen zu lenken?

Wenn wir Kinder schon früh korrigieren, lernen sie nicht, auf ihr eigenes Gehör zu vertrauen. Sie verlassen sich auf die Kontrolle von außen. Entscheidend ist die Freude, die Kinder am Singen und Musizieren empfinden.

Spiele, die der Entwicklung und dem Alter der Kinder angemessen sind, wirken motivierend und anregend. Sie überfordern nicht, noch unterfordern sie. Sie nehmen auf Befindlichkeit und Fähigkeiten von Kindern Bezug, so dass sie mit Freude und Lust ans Werk gehen können, ohne Angst vor Bewertung und Kritik.

Musik ist ein wunderbares Mittel, um Gefühle zu wecken, zu erleben und auch beim anderen zu verstehen. Dass jedoch angesichts der gegenwärtigen PISA-Hysterie der Begriff »Kuschelpädagogik«

kursiert oder von den »soft skills« gesprochen wird, zeigt, wie schwer es fällt, eine Erziehung zu emotionaler und sozialer Kompetenz wirklich ernst zu nehmen bzw. den engen Zusammenhang zu sehen, der zwischen Verstand und Gefühl besteht.
Allerdings – einen solchen Weg zu gehen ist nicht immer bequem, verlangt er doch von uns Erwachsenen Achtsamkeit und Aufmerksamkeit, ein genaues Beobachten und Hinhören auf das, was Kinder für sich und ihre Entwicklung brauchen. Unser Vertrauen in sie weckt Selbstvertrauen. So wie wir uns Kindern gegenüber verhalten und eine Atmosphäre von Nähe und emotionaler Sicherheit geben können, so spiegelt es sich im Verhalten der Kinder untereinander wider.

Erzähle es mir – und ich werde es vergessen.
Zeige es mir – und ich werde mich erinnern.
Lass es mich tun – und ich werde es behalten.

Konfuzius

Aller Anfang ist bunt!

Begrüßungsrituale

»Allem Anfang wohnt ein Zauber inne!« Die Kunst des Anfangs spielt in der Musik eine große Rolle. Ob wir nun an Begriffe wie den Auf-Takt oder an die Ouvertüre (von *ouvrir* = öffnen) denken, die uns an den Vorhang im Theater und in der Oper erinnert – gerade in der pädagogischen Arbeit mit Kindern sollten wir den Anfang nicht dem Zufall überlassen.

Verbale Aufforderungen, eine laute Stimme, eine »Wühlkiste« mit Instrumenten und Materialien, aus der sich die Kinder bedienen können, laden eher zu Balgereien und Unruhe ein, als dass sie einstimmen auf sensibles Hören, Singen und Spielen in der Gruppe.

Besser gelingt dies meist mit einer Handpuppe, mit einem Fingerspiel, einer Geschichte oder Phantasiereise, mit Klängen oder einem Lied. Sogar Seifenblasen, die in die Luft geblasen werden, können in ihrem stillen Schweben den Übergang signalisieren zu dem, was danach kommt.

Klang-Zeichen

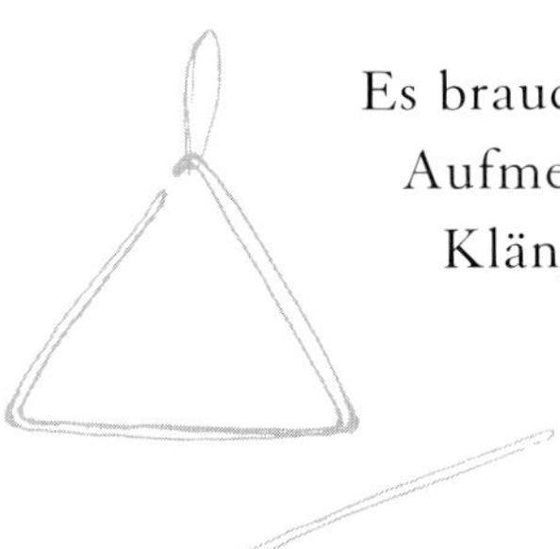

Es braucht keine Paukenschläge und Trommelwirbel, um die Aufmerksamkeit der Kinder zu gewinnen. Auch mit leisen Klängen lässt sich eine Atmosphäre des Aufhorchens schaffen. Die langausschwingenden Klänge einer Triangel, einer Klangschale, eines Gongs oder einer Zimbel sind von großer Faszination. Beginnen Sie mit diesem Klang bei einem einzelnen Kind. Vielleicht noch mit einer geflüsterten Aufforderung: »Wenn du nichts mehr hörst, schenkst du den Klang weiter.« So kann dieses Klang-Zeichen zum Einstimmungsritual werden.

Zauberstein

Während die Kinder im Raum herumgehen, bekommt eines von ihnen einen schönen Stein in die Hand gelegt. »Ein Zauberstein: Du kannst ihn betrachten, bestaunen – aber auch dir etwas wünschen für den heutigen Tag. Sprich mit ihm ganz leise ... trag ihn noch ein wenig mit dir herum und schenke ihn dann einem anderen Kind.«

Lieder zum Einstimmen

Lieder sind Eingangstore zur Musik, deren Schlüssel die Wiederholung ist. Als Begrüßungsrituale schaffen sie Vertrauen, wecken freudige Erwartung und Spiellust. Sie geben der pädagogischen Gesamtkonzeption Struktur und Form.

Das folgende Lied kann die Kinder mit all seinen Strophen zum Musikmachen einladen und Ohren, Stimme, Hände und Füße »aufwecken«. Aber auch die einzelnen Strophen eignen sich, herausgelöst aus dem Ganzen, zum Begrüßen und Einstimmen. z.B.:

Hören:	»Sind eure Ohren schon wach?«
Singen:	»Ist eure Stimme schon wach?«
Sich bewegen:	»Sind eure Füße schon wach?«
Mit Instrumenten spielen:	»Sind eure Hände schon wach?«

Wir wollen heute singen!

Text/Mel.: Dorothée Kreusch-Jacob

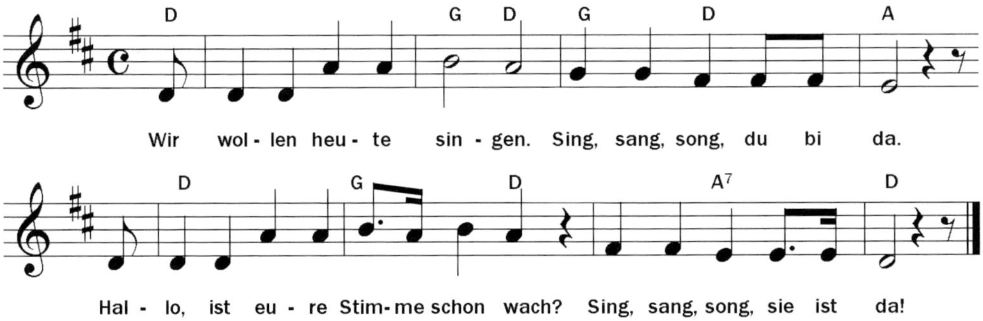

2. Wir wollen heute horchen.
   Sing, sang, song, du bi da.
   Hallo, sind eure Ohren schon wach?
   Sing, sang, song – sie sind da!

3. Wir wollen heute tanzen.
   Sing, sang, song, du bi da.
   Hallo, sind eure Füße schon wach?
   Sing, sang, song – sie sind da!

4. Wir wollen musizieren.
   Sing, sang, song, du bi da.
   Hallo, sind eure Hände schon wach?
   Sing, sang, song – sie sind da!

Schlussrefrain (mit Handgesten):

Sing, sang, song, unsre Stimme ist wach.
Sing, sang, song, unsre Ohren sind wach.
Sing, sang, song, unsre Füße sind wach.
Sing, sang, song, unsre Hände sind wach.
Sing, sang, song – wir fangen an! *(Klatschen)*

Aufwachen!

Material: Feder, Fingerzimbel

Dieses Lied beginnt in der Stille. Alle Kinder sitzen im Kreis. Sie schlafen. Die Erzieherin »weckt« ein Kind, indem sie es mit einer Feder streichelt. Das Kind wacht auf, nimmt die Feder und weckt ein anderes Kind aus dem Kreis. Das Spiel dauert so lange, bis alle wach sind.

- Schlafende Ohren werden von den zarten Klängen einer Fingerzimbel aufgeweckt. Sobald das schlafende Kind wach ist, gibt es den Klang weiter.
- Kleine Morgenmuffel kann ein lustiges Gesicht aufwecken. Da werden auch verschlafene Augen wach! Und schlafende Füße? – Sie werden mit den Fingerspitzen gestreichelt oder wachgeklopft.

Taktile, auditive, visuelle Wahrnehmung, Körpererfahrung, Aufmerksamkeit

Verschiedene Umsetzungsformen

Unser Begrüßungslied kann auch als Ganzes mit sämtlichen Strophen gesungen oder gespielt werden. Folgende Umsetzungsformen für diese musikalische Einladung sind möglich:

- Gesungenes Wechselspiel zwischen Erzieherin und Kindern.
- Berührung der entsprechenden Körperteile mit den Händen (Mund, Ohren, Augen, Hände, Füße).
- Mit Körperinstrumenten begleiten: Hände und Füße spielen mit, wenn »sing-sang-song ...« erklingt.
- Mit Instrumenten reihum im Kreis: »Hallo, ist deine Trommel (Rassel, Glöckchen ...) schon wach?« Auf diese gesungene Frage antwortet das angesproche Kind singend und auf seinem Instrument spielend: »Sing, sang, song, sie ist da!«

- Alle Instrumente begleiten gemeinsam den Refrain.
- Merkfähigkeit schulen durch Anhängen der Begriffe aus den vorhergehenden Strophen – ähnlich wie beim Spiel »Kofferpacken« (Refrain).

Körperwahrnehmung (Ohren, Stimme, Hände, Füße), Körperpercussion, rhythmisches Gefühl, Sensomotorik, Freude am gemeinsamen Spiel, Förderung der Merkfähigkeit

Wir fangen an!

Mit Klanggesten wird ein rhythmisches Nachspiel zu diesem Lied gestaltet. Es beginnt leise und wird immer lauter, bis schließlich alle laut rufen: »Sing, sang, song – wir fangen an!«

- Mit den Fingerspitzen oder Knöcheln auf den Boden klopfen.
- Mit der flachen Hand auf den Boden trommeln.
- Mit beiden Fäusten den Boden bespielen.
- In die Hände klatschen.
- Laut singen: »Sing sang song – wir fangen an!« – dabei fliegen die Hände in die Luft.

Körperpercussion, Förderung von Grob- und Feinmotorik, die eigene Kraft beim Trommeln spüren

Morgenlied

Wie sich ein Begrüßungslied in multimedialer Form spielen, lernen und gestalten lässt, zeigt das folgende Beispiel. Dieses Lied kann sowohl in der nebenstehenden Originalfassung als (immer wiederkehrendes) Einstimmungsritual dienen, aber auch bei verschiedensten Themen eingesetzt werden, indem es dazu passend variiert wird.

»Guten Morgen!«

Text/Mel.: Dorothée Kreusch-Jacob

2. Guten Morgen, guten Morgen,
   sagt der Himmel zu dir.
   Guten Morgen, guten Morgen,
   mein Blau schenk ich dir.
   Guten Morgen ...

3. Guten Morgen, guten Morgen,
   sagt der Baum zu dir.
   Guten Morgen, guten Morgen,
   mein Grün schenk ich dir.
   Guten Morgen ...

4. Guten Morgen, guten Morgen,
   sagt die Wolke zu dir.
   Guten Morgen, guten Morgen,
   mein Weiß schenk ich dir.
   Guten Morgen ...

5. Guten Morgen, guten Morgen,
   sagt der Vogel zu dir.
   Guten Morgen, guten Morgen,
   mein Lied schenk ich dir.
   Guten Morgen ...

Und wie geht's weiter?

Handgestenspiel

Alle sitzen im Kreis. Meist singen beim Refrain bereits die ersten Kinder spontan mit. Mit Handgesten lernt sich das Lied wie von alleine.

Guten Morgen:	alle geben sich nach beiden Seiten die Hände
Sonne:	mit beiden Händen einen großen Kreis bilden
Himmel:	die Hände nach oben recken und hinaufschauen
Baum:	mit den Händen in die Luft »malen«
Wolke:	mit den Händen in die Luft »malen«
Vogel:	die Hände vor dem Mund zum Schnabel formen
schenk ich dir:	beide Hände öffnen sich

Sensomotorik, Liedtext und Melodie kennen lernen

Kreatives Spiel mit der Sprache

Oft genügt die erste Strophe des Liedes, dann nehmen die Kinder gerne selbst den Faden auf. Wem eine neue Strophe einfällt, der spinnt den Faden weiter. Häufig reicht dazu ein Wort und die Gruppe hilft mit. Auch Fragen der Erzieherin können dazu ermuntern, indem ihr Blick hinaus zum Fenster wandert: »Wer schenkt uns heute etwas?« Regentropfen, Vögel, Wind, bunte Blätter, Schneeflocken ...

Selbstständiges Erfinden neuer Strophen, Mut zum eigenen sprachlichen und musikalischen Ausdruck

Singen und Verweilen

Auch wenn es auf den ersten Blick nicht so aussieht: Viele Lieder sind dazu geeignet, Kinder in die Stille zu begleiten. Allerdings fehlt uns im Eifer des »Durchsingens« von Strophe zu Strophe oft Zeit und Ruhe dazu. Zeit lassen (geben!) heißt hier das Zauberwort! Pausen spielen in der Musik eine wichtige Rolle. Hier geschieht nicht nichts. Da tun sich Räume auf, in denen etwas nachklingt, in denen Kinder in Ruhe die inneren Bilder betrachten können, die das Lied in ihnen wachruft. Es sind im wahrsten Sinne des Wortes »schöpferische Pausen«.

Leises Echo

Ein leises Echo führt die Kinder näher zur Stille: Die Strophe beginnt zunächst wie immer, in normaler Lautstärke gesungen. Dann jedoch wird sie um einen leisen Schluss erweitert.

Guten Morgen, guten Morgen,
sagt die Blume zu dir.

Guten Morgen, guten Morgen,
mein Rot schenk ich dir.

(Leise gesungen:)

Guten Morgen, liebe Blume,
ich dank dir dafür!

Innere Bilder

Sprache weckt Bilder. Ob Blume, Stein, Bach oder Himmel ... wir können diese Bilder in unserer Phantasie festhalten und in Ruhe mit unserem inneren Auge anschauen. Während die Kinder mit geschlossenen Augen dasitzen, führt sie die Erzieherin mit ihren Worten in eine kurze Phantasiereise. »... wir schauen uns diese Blume an. Eine dunkelrote Tulpe? Ein feuerroter Mohn? Eine Rose? Sie bewegt sich leicht im Wind hin und her. Spürt ihr den Wind? ... Sie zeigt uns ihr Blumengesicht und wir schauen hinein in den leuchtend roten Blütenkelch ... Seht ihr die Staubgefäße? ... Riecht ihr den Duft? ... Wir atmen ihn tief ein ... Danke, liebe Blume, dass es dich gibt, dass du für uns blühst und uns dein Rot schenkst ...«

Aufmerksamkeit und Konzentration, Imaginationskraft und Phantasie, Entspannung

Kurze Phantasiereisen

Wer noch etwas unsicher ist im Erfinden oder Durchführen von Phantasiereisen, kann sich hier in einer kleineren Form üben. Hat die nächste Strophe etwa den »Bach« zum Thema, so beschreiben Sie für die Kinder den Weg zum Bach. Mit geschlossenen Augen folgen sie dem Weg. Was hören sie? Was sehen sie? Was riechen und fühlen sie? – Vielleicht ist da eine kleine Brücke, auf die sich die Kinder (in ihrer Phantasie) setzen und wo sie eine Weile dem Fließen des Wassers zuschauen ...

Entspannung, zur Ruhe kommen, Imaginationskraft und Phantasie

Fremde Sprachen – andere Grüße

Unser Lied ist auch ein Willkommensgruß für die Kinder, die nicht unsere Muttersprache sprechen. Jedes Kind stellt seinen »Guten Morgen«-Gruß in seiner Sprache vor – die anderen sprechen und singen ihn nach. Manche davon sind echte Zungenbrecher. Aber wenn es gelingt, ist die Begeisterung groß!
Das Begrüßungsspiel in fremden Sprachen kann, aber muss nicht nur auf dem Platz im Stuhlkreis stattfinden. Die Kinder bewegen sich im Raum und begrüßen einander: »Buenos dias«, »günaydin«, »bonjour«.

Neugier an fremden Sprachen fördern, Mehrsprachigkeit als Chance und Bereicherung erfahren, Bewegung und Orientierung im Raum, Interaktion

Wie heißt du?

Auch die Namen der Kinder können in diesem Lied ihren Platz finden. Besonders am Anfang eines Kindergartenjahres braucht es viele Wiederholungen, bis Lied und Namen allen vertraut sind. Durch Variationen verliert es jedoch auch nach längerer Zeit nicht an Faszination, denn es treten je nach Spielform andere Erfahrungen in den Vordergrund. Einmal sind es Farben, dann wieder Klänge, Stimme oder Bewegung.

Welche Farbe schenk ich dir?

Farben verschenken

Material: Runde Filzkreise in vielen Farben oder bunte Chiffontücher

Guten Morgen, guten Morgen,
sagt die Nina zu dir.

Guten Morgen, guten Morgen,
mein Gelb schenk ich dir.

Alle sitzen im Kreis. Nina geht in die Mitte und schenkt einem Kind einen gelben Filzkreis. Da die Filzkreise kaum rutschen, sitzen sie auch auf Kleidern relativ sicher. Wo passt das Gelb am besten hin?

Auf die Schulter, auf den Kopf, auf den Rücken? (Falls keine bunten Filzkreise zur Hand sind, werden bunte Chiffontücher benutzt.) Dann setzt sich Nina auf den freigewordenen Platz, während das beschenkte Kind im Kreis herumgeht und ein weiteres Kind mit einer Farbe beschenkt.
Am Ende des Liedes sitzt jeder auf einem anderen Platz. Wie fühlt sich der an? Wer sitzt rechts und links? Wer sitzt gegenüber?
Zum Abschluss reichen sich alle die Hände und summen noch einmal die Melodie.

Klänge verschenken

Material: Trommel, Klanghölzer, Rasseln, Glöckchen, Steine, Nüsse, Zimbeln ...

Guten Morgen, guten Morgen,
sagt der Leo zu dir.

Guten Morgen, liebe Aysen,
meinen Klang schenk ich dir.

Auch Klänge lassen sich verschenken. Alle sitzen im Kreis und haben die Augen geschlossen. Die Erzieherin summt die Melodie des Lieds und legt jedem Kind ein Instrument unter den Stuhl. Dann geht sie – oder ein Kind – auf dem eigenen Instrument spielend im Kreis herum, während die anderen singen. Bei »Guten Morgen, liebe ..., meinen Klang schenk ich dir« bleibt sie vor einem Kind stehen und beschenkt es mit einem oder mehreren Klängen oder auch einem kleinen Rhythmus. Dieses holt sein Instrument hervor und antwortet. Anschließend Platzwechsel, das beschenkte Kind spielt und geht weiter im Kreis.
Tipp: Schüchterne Kinder, die es noch nicht wagen allein vor der Gruppe ein paar Töne zu spielen, werden durch Summen und Wiederholen des Refrains unterstützt.

Ich – du – wir

Statt sich wieder zu setzen, kommen allmählich immer mehr Kinder in den Kreis. Das mit Klängen angesprochene Kind führt die Gruppe an. Diese begleitet auf ihren Instrumenten das Lied. Als hörbarer Kontrast dazu: der einzelne Klang des solo-spielenden Kindes (tutti – solo).
Erst wenn alle Kinder in Bewegung sind, endet das Spiel.

Sich kennen lernen, sich gegenseitig vertraut machen,
auditive, visuelle, taktile Wahrnehmung, Orientierung im Raum
und in der Gruppe, Sensomotorik, sozialer Kontakt und Austausch,
Mut zum eigenen Ausdruck auf dem Instrument (solo),
Lust am gemeinsamen Spiel (tutti)

Horch mal!

Klangforscher unterwegs

Was antworten die Dinge, wenn wir sie nach ihrem Klang fragen? Regen, Vögel, Wind und Wasser, verschiedenste Materialien oder Instrumente sprechen ihre eigene Sprache. Kinder wollen diese Klangsprache mit den Ohren entdecken.

Kleine Klangforscher sind neugierig. Sie sind jedem Geräusch, jedem Klang auf der Spur. Sie experimentieren und verändern. Und schließlich wird aus dem Spiel mit den verschiedensten Materialien ein klingendes Etwas, das durchaus wie ein Instrument aussieht – und sei es auch noch so einfach und klingt es auch seltsam und schräg für erwachsene Ohren. Kinder entdecken dabei akustisch-physikalische Phänomene und Gesetzmäßigkeiten.

Wie entstehen Töne, Klänge und Geräusche?

Wie lassen sich Töne verändern (hoch – tief, laut – leise)?

Wie lassen sich Töne verstärken?

Vom Hören zum Bauen, vom Spielen zum Lernen, zum Lernen, wie man lernt: Das Selberbauen von Instrumenten kann einen weiten Radius ziehen. Dieser erweiterte Radius zeigt sich in liebevoll gestalteten Klangobjekten, aber auch in gemalten Spielplänen, die Kinder für andere Kinder erstellen und in denen sie, auch wenn sie noch nicht schreiben können, ihre Lern- und Erfahrungsschritte in Bilderschrift dokumentieren.

Ich schenk dir einen zarten Klang … Spiel S. 75

Ins Ohr gehupft!

Hör zu – hör zu!
Wir sprechen in Klängen:
Klingt's wie Regen?
oder wie Blätter …,
die der Wind tanzen lässt?

Klingt's wie Worte, die wir uns flüstern,
oder wie Funken, die leise knistern,
oder wie Wolken, die weit da oben
tanzen, den Himmel entlang …?

Horchspiel mit Kullertönen Spiel S. 80

Stell dir was vor, ganz ohne Noten,
gestreichelt, gespielt, gezupft,
mit Phantasie –
ins Ohr gehupft!

Dorothée Kreusch-Jacob

Fang den Klang!

Material: Ein oder mehrere lange, geriffelte Plastikschläuche; zum Durchrollen: Murmeln, Kastanien, Muggelsteine o.Ä.

Lange Plastikschläuche (aus dem Baumarkt) sind schöne Horchspielzeuge. Wenn sie lang genug sind, können damit viele Kinder ihren Spaß haben. Sie lassen in ihnen, je nach Dicke des Rohrs, Murmeln, Kastanien o.Ä. rollen, gleiten, rugeln, rutschen, kugeln. Neugierige Ohren verfolgen sie. Von da nach dort, von oben nach unten, von dir zu mir, rrrrr ... schschsch ... schon sind sie vorbei. Fang den Klang!
Das Horchvergnügen kann sich sogar von einem Raum zum anderen erstrecken, durch die Tür, durchs Fenster in den Garten ...

Auditive Wahrnehmung, Richtungshören, Sensomotorik, Reaktionsvermögen, Kommunikation, gemeinsames Spiel

Flüster-Klang

Material: Pappröhre oder »Boomwhackers«, Plastikschlauch (ca. 1 m)

Mit Pappröhren, Plastikschläuchen oder den bunten Boomwhacker-Röhren (siehe Abb. S. 182) lässt es sich von Ohr zu Ohr flüstern oder summen. Auch die leisesten Geheimnisse kommen an. Sogar der Atem klingt ... Wenn wir blasen, wird es kühler, wenn wir hauchen, spürt man am anderen Ende ein wenig Wärme.

Auditive Wahrnehmung, Erfahrungen mit Stimme, Sprache und Atem

Klopf-Botschaften

Material: Kurzer Plastikschlauch, Holzstäbchen

Ein Kind verbindet Anfang und Ende des Schlauches mit den beiden Ohren und schließt die Augen. Ein anderes klopft mit dem Finger oder einem kleinen Stöckchen an den Schlauch. Wo wurde geklopft? War der Ton rechts, links oder in der Mitte zu hören? Wie klingt es, wenn am geriffelten Schlauch entlanggeratscht wird? In welche Richtung ist der Ton »gelaufen«?

Auditive Wahrnehmung, Richtungshören ohne Kontrolle durch den Sehsinn

Tasten und Hören

Material: Stoffreste, Bindfaden, Tastmaterial, z.B. Knisterfolie, Erbsen, Steinchen, Glöckchen ...

Aus Stoffresten entstehen Säckchen. Darin befindet sich Material zum Tasten und Horchen. Jeweils zwei Säckchen sind mit dem gleichen Material gefüllt. – Jedes Kind darf sich ein Säckchen auswählen und horchend und tastend auf die Suche gehen. Wo befindet sich ein Säckchen, das dem eigenen entspricht?

Taktile und auditive Wahrnehmung, Unterscheiden und Differenzieren von Tast- und Höreindrücken

Horchsäckchen: Wer hören will, kann fühlen Spiel S. 81

Klänge sehen?

Material: Blumentopf aus Ton, Luftballon, Plastikschlauch, Sand, Doppelklebeband

Um den Rand eines Blumentopfes wird ein doppelt klebendes Band befestigt. Dann von einem Luftballon das Blasteil abschneiden und über die Öffnung spannen. So entsteht eine kleine Trommel. Sie kann nun mit den Fingerspitzen bespielt werden.
Und nicht nur das: Mit etwas Sand können Klänge sogar sichtbar gemacht werden! Dazu streut man etwas feinen Sand auf das Trommelfell. Während ein Kind einen Plastikschlauch an die untere Öffnung des Topfes hält, schickt ein anderes Kind Töne hindurch.

Experimentieren für kleine Klangforscher: So werden Töne sichtbar

Durch die Schwingung beginnen sich die Sandkörner zu bewegen und bilden Muster. Wie sieht ein »aaaa« – wie ein »iiii« aus? Wie bewegt sich der Sand zu einer kleinen Melodie?
Die Erklärung: Töne sind Schwingungen. Was schwingt, das klingt! Sobald ein Ton das Trommelfell (Membran) zum Schwingen bringt, bringt dies den Sand in Bewegung. So sind Töne nicht nur zu hören, sondern wir sehen sie auch.

Akustische Reize auch visuell wahrnehmen, Entdecken von akustisch-physikalischen Phänomenen durch Experimentieren, Experimentieren mit Stimmklängen

Wenn Ohren »Augen machen«

Material: Triangel, Steine, Klanghölzer, Knisterpapier, Rasseln, Ratschen, Glöckchen, Fingerzimbeln ...

Die Kinder stehen im Raum verteilt. Alle haben etwas Klingendes in der Hand. Ein »blindes« Kind sucht mit geschlossenen oder verbundenen Augen vorsichtig seinen Weg. Sobald es sich einem Musikanten nähert, erklingt ein Ton. Auf diese Weise kann sich das blinde Kind allein mit seinen Ohren orientieren – und findet seinen Weg.

Auditive Wahrnehmung, Konzentration, Orientierung durch Klänge ohne visuelle Kontrolle, Richtungshören

Horch mal – ich zupf dir was!

Material: 2 Joghurtbecher, Schnur, 2 Holzperlen mit Loch

Zwei Joghurtbecher am Boden durchlöchern und eine dünne Schnur durchziehen. Diese wird in der Innenseite der Becher durch zwei Holzperlen so befestigt, dass sie nicht durchrutscht.

Nun können zwei Kinder ein musikalisches Von-mir-zu-dir-Spiel beginnen. Indem sie sich den Becher ans Ohr halten und die Schnur spannen, entstehen verschiedene Töne. Mal sind sie höher, mal tiefer, je nachdem, wie die »Saite« angespannt wird. Der Becher selbst wirkt wie ein Klangverstärker (Resonanzkörper) und lässt die nach außen leise erscheinenden Töne sehr intensiv direkt am Ohr wirken.

Mehrere Zupftelefone können eine ganze Gruppe mit Horchen und Spielen in Atem halten. So entsteht ein »Netz« aus gespannten Saiten.

Wahrnehmen von Tönen, Unterscheiden zwischen hohen und tiefen, leisen und lauten Tönen, Entdecken von akustisch-physikalischen Phänomenen durch Experimentieren, musikalische Kommunikation, Geschicklichkeit im Umgang mit Material

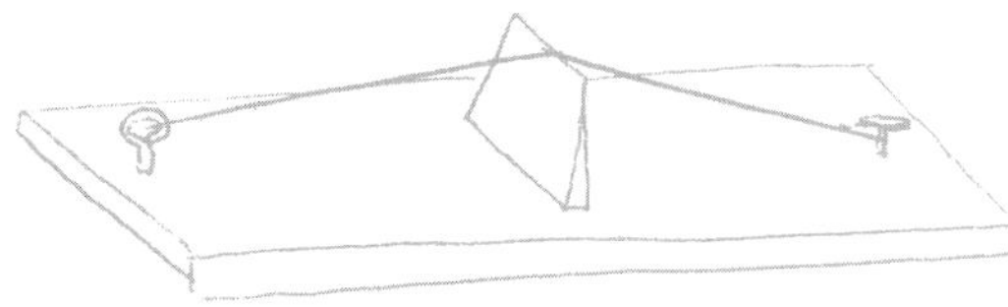

Ganz schön »einsaitig«! Das Monochord

Material: Holzbrett, 2 Schrauben, Nylonschnur, Holzklötzchen

Eine Saite – viele Töne! Neugierige Klangforscher können sich ein einfaches Saiteninstrument selbst bauen: das Monochord. Ein sehr altes Instrument, das schon vor 2500 Jahren durch den griechischen Philosophen und Mathematiker Pythagoras bekannt wurde.
So wird das Instrument gemacht: Am oberen und unteren Ende eines Bretts werden Ringschrauben eingedreht. An diesen befestigt man einen kräftigen Nylonfaden und spannt ihn straff wie eine Saite. Durch Drehen der Schrauben kann die Spannung verändert bzw. verstärkt werden. Nun wird ein kleiner Holzkeil oder Bauklotz als Steg daruntergeschoben.
Teilt er die Saite genau in der Mitte, so klingt sie auf beiden Seiten des Steges gleich. Durch Verschieben des Steges ändern sich die Tonhöhen auf beiden Seiten.
Auch die Lautstärke des Tones ist veränderbar. Die Kinder suchen einen geeigneten Klangkörper dafür, entweder den Tisch, eine Holzkiste, eine Pappschachtel, die Sitzfläche eines Stuhls ...

Töne differenziert wahrnehmen, akustische Gesetzmäßigkeiten erfahren, kreativer Umgang mit Material, gemeinsames Experimentieren

Klängeraten im Horchversteck

Horchversteck

Material: Große Kartons oder Wellpappe, verschiedene Klangmaterialien und Instrumente

In jedem Raum können Kinder Verstecke bauen. Aus großen Kartons entstehen Horchhäuser. In große Stücke aus Wellpappe werden Fenster geschnitten. Aus Tüchern, Decken, Polstern und Kissen werden Höhlen und Zelte. Da wird gehorcht, gerätselt, gekuschelt, gelauscht. Wenn die Materialien und Instrumente nicht sichtbar sind, müssen die Ohren umso wacher reagieren. Da lässt es sich mit Horchschläuchen oder mit dem Zupftelefon spielen: von drinnen nach draußen, von draußen nach drinnen.

Manchmal sind wir erstaunt, was uns einfaches Material alles erzählen kann: Papier, Holz, Steine ... alles spricht seine eigene Sprache. Entweder werden die Geräusche im Horchversteck zum Erklingen gebracht und die Kinder draußen rätseln, was es ist – oder umgekehrt.
Dann wieder horchen die Kinder auf Klänge, die bestimmte Instrumente hervorbringen. Klangstäbe, Trommel, Rassel, Glockenspiel ... Wenn der Rhythmus eines bestimmten Liedes geklatscht oder getrommelt wird, heißt es aufpassen. Um welches Lied handelt es sich wohl?

Auditive Wahrnehmung, Sensomotorik, Differenzierung und Unterscheiden von Klängen, Tönen, Geräuschen, Kommunikation mit Klängen, kreatives Gestalten, interaktives Spiel

»Kullerton« – ein Gruppeninstrument

Material: Plastikrohre, Pappröhren, Xylophon, Trommel, Glöckchen, Murmeln ...

Alle Materialien, die bisher für die Horchspiele verwendet wurden, können bei diesem Gruppeninstrument eingesetzt werden. Dabei verwandeln sich die Klangforscher und Horchdetektive in Klangbaumeister.
Der Ton – das ist ein Glöckchen oder eine Murmel – wird auf Reisen geschickt. Er sucht seinen Weg durch Röhren und Schläuche, kullert über ein Xylophon, von dort hüpft er übers Trommelfell, wird von einer Pappröhre verschluckt und am anderen Ende wieder ausgespuckt, um ein Glockenspiel zum Klingen zu bringen, und, und, und ...

Gemeinsames Erfinden eines Gruppeninstruments, Wahrnehmung von verschiedensten Tönen, Klangfarben und Geräuschen, Geschicklichkeit, Phantasie und Kreativität, soziales Lernen

Jagd nach Geräuschen und Klängen

Ohren-Spaziergänge draußen in der Natur bieten viele Hörabenteuer. Ob Garten oder Park, ob Wald oder See ... Immer wieder bleiben die Kinder stehen und lauschen. Ein Finger auf dem Mund des Erwachsenen signalisiert: Horcht mal!
Dieses Horchen hat seine Zeit, verlangt Aufmerksamkeit und Stille. Erst dann nimmt das Ohr Geräusche und Klänge wahr, die es oft einfach überhört: die Vögel, den Wind, das Wasser, das leise Flugzeug in der Ferne, die Hummel, den Verkehr ...

- Mit einem Rekorder können alle diese Geräusche eingefangen werden. Natürlich bedienen die Kinder den Rekorder selbst. Sie legen die Kassette ein und drücken den richtigen Knopf für die Aufnahme.
- Hinterher beim Abspielen erleben sie akustisch den Horchspaziergang noch einmal. Ob sie beim anschließenden Ratespiel die Geräusche wiedererkennen?
- Jedes Kind sucht sich eines der Geräusche heraus und malt es. Die anderen raten, welches es war.

Natur und Umwelt mit allen Sinnen erleben, bewusstes Beobachten und Hören, Aufmerksamkeit, Konzentration, Stille erleben, technischer Umgang mit Hörmedien, Erkennen und Zuordnen von Geräuschen

Es lebt ein Ries im Wald

Text: Christian Morgenstern/Mel.: Dorothée Kreusch-Jacob

2. Und kommt die Regenzeit,
dann schläft er, und es wird
aus seinem Ohr ein Teich,
und dort sitzt dann ein Hirt.

Er tränkt daran die Schaf,
doch manchmal dreht, o Graus,
der Ries sich um im Schlaf
und dann ist alles aus.

Bevor das Lied gesungen wird, kann der Text erst einmal in seiner sprachlichen Gestalt vorgestellt werden. Dieses Gedicht von Christian Morgenstern zeigt das märchenhafte Bild eines Riesen mit einem großen Ohr. Es ist so groß, dass ihn sogar ein gewaltiger Donner nicht besonders juckt. Und kommt die Regenzeit, dann wird aus dem Ohr ein Teich, an dem ein Hirte seine Schafe tränkt ...

Kinder können sich an diesen Bildern festhalten und auf diese Weise das Erzählte verstehen.
Darüber hinaus bietet das Gedicht auch Impulse zum Mitgestalten, sei es durch Handgesten und Bewegung oder durch Imitation von Geräuschen.

- Wie klingt der Donner (Stampfen mit den Füßen), wie klingt die Hummel und wie das Gebrumm des Riesen (Stimmgeräusche)?
- Wie bewegt sich ein Riese? Wie sieht es aus, wenn er die Hummel verjagt? Wie groß ist das Riesenohr (Gesten und Bewegungen)?
- Anschließend lernen die Kinder das Gedicht in seiner vertonten Form kennen und begleiten es wieder auf ihre Weise mit Bewegungen und Geräuschen.
- Eine selbsterfundene Geschichte kann den Rahmen für das Lied bilden: »Es war einmal ein Riese, der ...«

Literacy, Kennenlernen eines Gedichts bzw. Liedes, Mitgestalten durch Gespräch, aktives Zuhören, Bewegung, Stimmgeräusche, sprachliche Anregung zum Erfinden einer eigenen Geschichte

Ein Ohr – soooo groß!

Material: Großer Papierbogen, Malkreiden

Mehrere Kinder sitzen um einen großen Bogen Papier, auf dem der Umriss eines großen Ohres gezeichnet ist. Sie malen das, was alles in diesem Ohr Platz haben könnte. Hier sind der Phantasie keine Grenzen gesetzt. Erzählend und malend schlagen die Kinder auch einen Bogen zu eigenen Erfahrungen. Sie können dabei das Ohr als eine »Wundertüte« erleben, voll klingender Überraschungen. Ob Wind, ob Regen, ob der Gesang eines Vogels, ob das Bellen eines Hundes, ob das Quietschen einer Tür, das Hupen der Autos, ob das Murmeln eines Baches ... Was erlebt unser Ohr noch alles?

Während des Malens kann dazu die Melodie des Liedes gesummt werden.
Zum Schluss gemeinsame Betrachtung des Riesenohrs. Dazu erklingt noch einmal das Lied.

Literacy, Förderung von Phantasie und Kreativität, bildnerisches Gestalten in der Gruppe, Mut zum eigenen Ausdruck, Freude am gemeinsamen Erlernen und Singen eines Liedes

EINBLICKE IN DIE WELT DER KUNST

»In jedem Menschen ist ein Kind verborgen, das auch in der Kunst mitspielen ... will«, so Christian Morgenstern. Auch in vielen Künstlern verbirgt sich ein Kind, das der oft so ernsten Kunst ein Lächeln abringt, das mit Tönen spielt, mit Klangfarben malt und so manchen musikalischen Purzelbaum schlägt.
Ob Robert Schumann in seinen »Kinderszenen« von »fremden Ländern und Menschen« erzählt, ob Béla Bartók einen Bären tanzen lässt oder Dieter Schnebel als Komponist unserer Zeit in seiner »Paper music« die Klänge von Papier in Musik verwandelt, es gibt viele Möglichkeiten, um Kindern musikalische Hörerlebnisse zu vermitteln, an denen alle Sinne beteiligt sind. Wenn es zudem gelingt, Musikstücke zu finden, die kurz genug sind und die kindliche Aufmerksamkeit nicht erschöpfen, lassen sich auch Kinder aus »musikfernen« oder »klassikfernen« Familien begeistern. Wiederholungen in immer neuer Form vertiefen diese Hörerlebnisse. Hier eine Auswahl von Anregungen zum aktiven Hören.
Die folgenden und viele andere klassische Musikstücke sind auch auf der CD *Klassikhits für Kids* zu finden (Dorothée Kreusch-Jacob, Kösel-Verlag).

Der Schmetterling

Material: Musik: Edvard Grieg (1843–1907) aus »Lyrische Stücke«; Papier, Wasserfarben

Im Klavierstück »Der Schmetterling« können Kinder einem bunten Schmetterling nachträumen. Welche Farben haben seine Flügel? Wohin fliegt er? – Nach dem (evtl. mehrmaligen) Anhören der kurzen Musik flattern die Kinder wie Schmetterlinge durch den Raum.
Anschließend zaubert jedes Kind einen Farbklecks auf die eine Hälfte eines gefalteten Papiers. Durch Aufdrücken der anderen Hälfte wird ein Schmetterling sichtbar.

Musikhören, Imagination und Phantasie, Gehörtes in Bewegung umsetzen, Freude an der gemeinsamen Bewegung, bildnerisches Umsetzen der gehörten Musik

Tanz der Zuckerfee

Material: Musik: Peter I. Tschaikowsky (1840–1893) aus »Der Nussknacker«; dazu ein Glas, Transparentpapier, Kleber und Teelicht für jedes Kind

Farbiges Licht: Die folgende Musik wird als Lichtertanz gestaltet. Jedes Kind beklebt sein Glas mit bunten Transparentpapierfetzchen. Ein brennendes Teelicht lässt die Farben aufleuchten. Die Gläser werden in der Mitte des verdunkelten Raumes auf ein Tablett gestellt.
Musik: Der »Tanz der Zuckerfee« gehört zu einem musikalischen Märchen. Hier lässt Peter Tschaikowsky die Puppen um Mitternacht lebendig werden. Wenn die Zuckerfee tanzt, umhüllen sie die silbernen Klänge der Celesta (eine Art Glockenspiel) wie ein wunderschönes Gewand. Da dieses Musikstück nur etwa zwei Minuten kurz ist, sollte es mehrmals wiederholt werden.

Zunächst hören alle gemeinsam die Musik an. Die Augen sind dabei geschlossen. – Wie schaut die Zuckerfee aus? Welche Farben haben die Kinder in ihrer Vorstellung gesehen?
Während die Musik noch einmal erklingt, berührt die Erzieherin ein Kind nach dem anderen. Sobald das Kind die Berührung spürt, öffnet es die Augen und holt sich sein Licht. Schließlich haben alle Kinder im Kreis ihr Licht vor sich.
Wie klingt die Musik, wenn alle während des Hörens in ihr Licht schauen?
Tanz: Anmutig wie Feen bewegen sich die Kinder mit ihren Lichtern im Raum. Ihre Bewegungen sind achtsam und schwebend. Tanzen sie mit dem Licht – oder tanzt das Licht mit ihnen? Sobald die Musik zu Ende ist, bleiben sie stehen und schauen sich im Raum um. Staunen über die farbigen Lichter, die den Raum verzaubern.
Ein weiteres Mal erklingt die Musik der Fee. Beim letzten Ton ist es Mitternacht, wie in der Nussknackergeschichte. Die Lichter wandern in die Mitte zurück und schlafend liegen alle Feen am Boden.
Variation: Mit Gläsern, die durch Stöckchen oder Farbstifte zum Klingen gebracht werden, begleiten die Kinder die Musik.

Aufmerksames Hören, Heraushören und Erkennen von Instrumenten, Bewegungsphantasie, Freude an der gemeinsamen Bewegung, Entspannung

Das Aquarium

Material: Musik: Camille Saint-Saëns (1836–1921) aus »Der Karneval der Tiere«; dazu Taschenlampen, grünes, blaues Transparentpapier

Der Raum ist abgedunkelt. Horchend liegen die Kinder am Boden und hören der Musik zu. Im »Aquarium« kann die Phantasie auf Reisen gehen. Ziehen Fische ihre Kreise? Fast möchte man in diese perlende Wassermusik hineinspringen und mitschwimmen.

Mit Taschenlampen, die mit grünem und blauem Transparentpapier überzogen sind, lassen sich, während die Musik erklingt, Farbspuren an die Decke »malen«. Sie tanzen mit der Musik und bilden ein bewegtes und zugleich entspannendes Schau-Spiel.

Multisensorische Wahrnehmung von Musik, Imagination und Phantasie, Entspannung

Kindersinfonie

Material: Musik: Leopold Mozart (1719–1787) aus Cassatio ex G

Leopold Mozart, der Vater von Wolfgang Amadeus Mozart, hat eine Kindersinfonie geschrieben. Neugierige Ohren können hier eine Reihe von Pfeiffchen heraushören (Vogelstimmen von Kuckuck, Nachteule, Wachtel ...). Auch eine Schnarre und eine Spielzeugtrommel sind dabei. Welche Instrumente noch?
Kinder der heutigen Zeit kennen andere Spielzeuginstrumente. Wie klingen diese? Je nachdem, welche dieser Klangspielzeuge vorhanden sind, probieren sie die Kinder aus, während die Musik noch einmal erklingt. Leopold Mozart hätte sicher seine Freude daran!

Einer Musik mit Aufmerksamkeit zuhören, Kennenlernen von klassischer Musik, Instrumenten sowie Klangspielzeug aus alter und heutiger Zeit

Die Zauberschachtel

Musik mit allen Sinnen

Lieder können geheimnisvolle Zauberschachteln sein, in denen vieles Platz hat. Kinder wollen sie mit allen Sinnen erleben, be-greifen. Lernen bedeutet hier nicht nur hören und nachsingen, sondern hören – sehen – tasten – singen – spielen. Kinder sind »Bastler, Handwerker, Maler, Musiker, Läufer und Hüpfer: Künstlerische, handwerkliche und motorische Tätigkeiten müssen ihr Lernen begleiten«, so der bekannte Pädagoge Andreas Flitner. Abwechslungsreiche und sensorisch reizvolle Spielideen haben auch im einfachsten Lied Platz.
Die kleine Pappschachtel wird zur Zauberschachtel: eine »Andeutung« von Spielzeug nur. Und doch kann sie, bevor sie etwa achtlos weggeworfen wird, Raum für die Phantasie eines Kindes sein. Zum Greifen nah, so nah, dass daraus ein Kästchen wird, wie es das Kind im Grimm'schen Märchen findet. Darin ist alles zu finden ... wenn man nur den Schlüssel der Phantasie benutzt.

Dieses Kapitel steht ganz unter dem Motto »Die Zauberschachtel« und eignet sich bestens für eine längerfristige Projektarbeit.

Auftakt

Material: Schachteln, die jedes Kind von zu Hause mitbringt

Viele kleine Schachteln liegen in der Mitte. Was wohl drin ist? Schachteln machen neugierig. Alle Sinne sind wach. Gibt es da drin was zu sehen, zu hören, zu fühlen? Ein Geheimnis?

Märchen: Der goldene Schlüssel

Material: Kleiner Schlüssel

Ein Schlüssel wird den Kindern gezeigt. Er gehört zu einem Märchen der Brüder Grimm. Da findet ein armer Junge im Schnee einen goldenen Schlüssel. Und glücklicherweise auch die Kiste, zu der der Schlüssel tatsächlich passt. Aber die Geschichte verrät trotzdem nicht, was der Junge in der Kiste fand. Am Schluss heißt es: »... und der Schlüssel passte glücklich. Da drehte er einmal herum, und nun müssen wir warten, bis er vollends aufgeschlossen und den Deckel aufgemacht hat. Dann werden wir erfahren, was für wunderbare Sachen in dem Kästchen lagen.«

Der Schlüssel der Phantasie

Ob der goldene Schlüssel der Phantasie das Geheimnis verrät? Eine leere Schachtel wird von Hand zu Hand weitergegeben. Jedes Kind öffnet sie, schaut hinein und denkt sich aus, was für wunderbare Sachen darin sein könnten: Ein Ball? Eine Flöte? Ein Lied? Ein Vogel? Ein Lachen? Eine Geschichte? Ein Flüstern ... und was noch?

Phantasie, Vorstellungskraft, Erzählimpuls, anderen zuhören können

Die Zauberschachtel

Text: Dorothée Kreusch-Jacob
Mel.: nach dem Volkslied »In meinem kleinen Apfel«

2. In meiner Zauberschachtel,
da schläft ein zarter Ton,
ich spiel ihn mal ganz leise,
ich glaub, du hörst ihn schon!

3. In meine Zauberschachtel,
da fühl ich mal hinein
mit meinen Fingerspitzen.
Was wird wohl drinnen sein?

4. Aus meiner Zauberschachtel
mach ich ein Instrument.
Jetzt klingt sie wie 'ne Rassel,
die jeder von euch kennt!

5. Auf meiner Zauberschachtel
sind Saiten straff gespannt,
ich zupfe sie ganz leise
mit meiner kleinen Hand.

6. In meine Zauberschachtel,
da schnuppere ich rein.
Ob Schnittlauch oder Rosen,
probier's mal – das riecht fein!

7. In meine Zauberschachtel,
da guck ich gern hinein.
Ich sehe bunte Farben
und einen Glitzerstein.

8. Aus vielen kleinen Schachteln
bau'n wir 'ne Zauberstadt.
Drin wohnen bunte Träume,
die jeder von uns hat.

Singzwerge in der Schachtel

Zwergenschachtel

Material: Eicheln, Seidenpapier, Streichholzschachteln, Watte, Glöckchen, Klebestift

Die kleinen Singzwerge, die in der Schachtel wohnen, sind schnell gemacht: eine Eichel als Kopf, ein wenig geknülltes Seidenpapier als Mütze – und noch etwas Watte in die bunt bemalten Streichholzschachteln ... So liegen die Winzlinge kuschelweich und können ihr Liedchen singen.

Eine Tastschachtel: Was wird wohl drinnen sein?

Spiel S. 101

In meiner Zauberschachtel,
da sieht es lustig aus –
da singen kleine Zwerge
ihr Liedchen frech hinaus.

Wenn die Schachtel geschlossen wird, hört man sie nur noch leise summen. Wird der Deckel geöffnet, klingt das Lied lauter. Dieses Laut-leise-Spiel festigt mit jeder Wiederholung Melodie und Text.

Kreatives Gestalten, Phantasie, Differenzierung von Sprache und Stimme

Rätselschachtel

Material: Spieluhr, Klangkugel, Rassel-Ei, Fingerzimbel, Teelöffel, Steine, Bauklötze, Sandpapier, Luftballon, Glöckchen – im Raum verteilt

In meiner kleinen Zauberschachtel,
da schläft ein zarter Ton,
ich spiel ihn mal ganz leise,
ich glaub, du hörst ihn schon!

Nun ist etwas in der Schachtel versteckt, was klingt. Die Erzieherin beginnt mit dem Horchrätsel. Sie »weckt« einen Ton auf, der in der Schachtel »schläft«: Entweder sie dreht an einer kleinen Spieluhr, schüttelt eine kleine Rassel, schlägt zwei Klangstäbe an oder bringt eine Klangkugel zum Klingen. Was für ein Instrument war es?

- Ähnliches lässt sich mit klingendem Material spielen: z.B. Bauklötze, Buntstifte, Löffel oder Kieselsteine zum Aneinanderschlagen, gering aufgeblasener Luftballon zum Knarzen, Glöckchen, Sandpapier zum Aneinanderreiben ...
- Instrumente und Klangmaterial werden in die leeren Schachteln verteilt. Jedes Kind darf sich eine aussuchen und den Inhalt später im Kreis wieder zum Klingen bringen. Die anderen Kinder raten, was es sein könnte.

Auditive Wahrnehmung, Differenzierung von Klängen und Geräuschen, Materialerfahrung

Tastschachtel

Material: Verschiedenes Füllmaterial

In meine kleine Schachtel,
da fühl ich mal hinein
mit meinen Fingerspitzen.
Was wird wohl drinnen sein?

Jede Schachtel ist mit einem anderen Material gefüllt. Sei es mit Steinchen oder mit Körnern, Reis, mit ein paar Radiergummis, Kastanien, Bohnen, Nüssen, Büroklammern, ein paar Glöckchen, Streichhölzchen ... Ein Kind schließt die Augen und fühlt mit der Hand in die Schachtel hinein. Was fühlen die Fingerspitzen? Ist es lang, kurz, eckig, rund, kalt, warm, hart oder weich? – Während das Kind tastet, versucht es zu beschreiben, wie sich das Material anfühlt, und zu benennen, was es genau ist.

- In kleineren Gruppen können mehrere Kinder gleichzeitig in verschiedenen Schachteln mit geschlossenen Augen tasten und fühlen.

Nicht zu viel einfüllen, denn wenn anschließend mit diesem Material gerasselt wird, klingt es schnell zu laut!

Taktile Wahrnehmung, Sprachförderung, Konzentration

Horchschachtel

Material: Verschiedenes Füllmaterial

Aus meiner Zauberschachtel
mach ich ein Instrument.
Jetzt klingt sie wie 'ne Rassel,
die jeder von euch kennt!

Alle Schachteln mit ihrem Füllmaterial werden wieder verschlossen und stehen im Raum verteilt. Die Kinder stehen oder sitzen mit geschlossenen Augen im Kreis. Ein Kind geht mit seiner Schachtel leise durch den Raum und rasselt dazu. Die Kinder verfolgen den Rasselklang mit den Ohren. Aus welcher Richtung kommt er? Wo geht er hin? Wie bewegt er sich im Raum?

- Nun schließt nur eines der Kinder die Augen. Alle anderen suchen sich eine Rassel. Durch Blinzeln verständigen sich die Mitspieler untereinander, wer die Rassel schüttelt. Sobald sie erklingt, zeigt das Kind mit den geschlossenen Augen in die entsprechende Richtung, aus der der Klang kommt. Welches Material steckt in der Rassel?
- Was ist, wenn sich das horchende Kind ein Ohr zuhält? – Wahrscheinlich wird es sich nun manchmal irren, denn der Klang trifft zuerst auf das Ohr, das in die Richtung des Geräuschs horcht. Und ein wenig später erst gelangt er ans andere Ohr. Das irritiert uns.
- Alle Kinder bewegen sich im Raum. Die Erzieherin summt die Melodie, sobald sie aufhört (etwa am Ende der Strophe), bleiben alle stehen und schließen die Augen, um besser zu hören. Sie summt einem Kind leise ins Ohr, dieses öffnet die Augen, holt sich eine Rassel und schüttelt sie. Die anderen horchen: Woher kam jetzt der Klang? Mit welchem Material war die Rassel gefüllt?
- Mit jeder Wiederholung kommen mehr Kinder ins Spiel. Jede neu dazugekommene Rassel spielt zunächst allein, damit ihr Klang intensiver wahrgenommen wird. Dann, sobald die Melodie wieder erklingt, spielen die Rasseln zusammen.

Wenn alle Kinder ihre Schachtelrassel haben, wird das Lied noch einmal mit dem vollen Text gesungen, während die Rasseln dazu spielen und alle in Bewegung sind.

Auditive Wahrnehmung, Richtungshören, Wahrnehmen von verschiedenen Klangfarben, Konzentration, Aufmerksamkeit, Reaktionsvermögen

Klein und unscheinbar und doch ein Schatz für alle Sinne

Zupfschachtel

Material: Bunte Gummibänder, Streichholzschachtel, Bauklötzchen

Gummis, über eine offene Schachtel gespannt, werden angezupft wie Saiten. Eine kleine Überraschungs-Zupf-Melodie entsteht ... zwar leise, aber das hat den Vorteil, dass mehrere Kinder ihre Töne dicht am Ohr ausprobieren können, ohne sich zu stören.

Auf meiner Zauberschachtel
sind Saiten straff gespannt,
ich zupfe sie ganz leise
mit meiner kleinen Hand.

Während alle leise die Liedstrophe sprechen, begleiten sie den Text rhythmisch mit ihren Tönen.

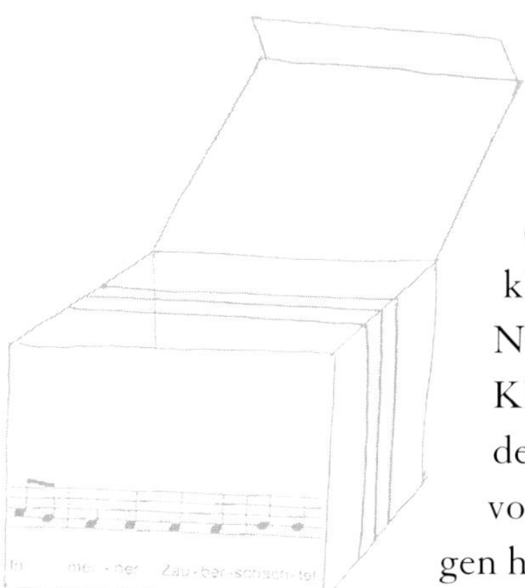

Dreht man die Schachtel um und zupft die Gummi»saiten«, die am Boden aufliegen, gibt's nur einen kurzen Knall. Denn Saiten müssen schwingen, wenn sie klingen sollen. Deshalb wird einfach eine Streichholzschachtel oder ein Holzklötzchen als »Steg« unter die Gummis geschoben. Nun können sie schwingen, wenn man sie anzupft. Kleine Klangforscher werden nun schnell herausfinden, warum Töne höher oder tiefer klingen. Es hängt von der Spannung ab: Straff gespannte »Saiten« klingen höher als etwas lockerer gespannte.

Durch Verschieben des »Stegs« lassen sich die Zupftöne verändern. Mal höher, mal tiefer, je nach Länge und Spannung der Saiten.

Wahrnehmen von verschiedenen Tonhöhen, Feinmotorik (Zupfen), Sprachförderung, Rhythmusgefühl, Experimentierfreude, erste akustisch-physikalische Erfahrungen mit dem Phänomen »Klang«, Erforschen von musikalischen Gesetzmäßigkeiten

Leises Gehen und Horchen

Wie leise müssen Füße gehen, damit die zarten Saitentöne gehört werden? Barfuß oder in Strümpfen gehen die Kinder mit ihrer Zupfschachtel am Ohr durch den Raum und spielen. Bei einem Klangzeichen mit der Triangel o.Ä. bleiben sie stehen und suchen sich einen Freund, den sie mit ihren Tönen begrüßen. Wie klingen die Töne des Gegenübers, wie werden die eigenen Töne wahrgenommen?
Ein Triangelklang beendet das kurze Zwiegespräch – und die Kinder bewegen sich weiter im Raum.

Auditive Wahrnehmung, Konzentration, Feinmotorik, Grobmotorik, achtsames Gehen, Raumerfahrung, Reaktionsvermögen (Klangsignal), soziales Lernen durch Aufeinanderhören

Schnupperschachtel

Material: Früchte, Kräuter, Blütenblätter, Tannen- oder Rosmarin-Nadeln, Gewürze (Zimt, Nelken ...). Alternativ: Wattebäuschchen, versch. natürliche Duftöle z.B. Lavendel, Rose, Mandarine, Vanille, ... Evtl. Tücher, um die Augen zu verbinden

Mit geschlossenen Augen sitzen die Kinder im Kreis, eine offene Zauberschachtel vor sich. Nun bekommt jedes Kind etwas Duftendes in die Schachtel gelegt. Dazu summt die Erzieherin die Melodie des Liedes. Ob alle so lange warten können, bis die letzte Schachtel gefüllt ist? – Erst dann wird das Schnuppergeheimnis gelüftet.

In meine Zauberschachtel,
da schnuppere ich rein.
Ob Schnittlauch oder Rosen,
probier's mal – das riecht fein!
Mmmmmmm ...!

In meiner Zauberschachtel – da schläft ein zarter Ton

»Probiers mal! ...«, so heißt es im Lied. Während die Liedstrophe gesungen wird, wandern die Schnupperschachteln von Nase zu Nase. Mmmmmm!

- Alle Riechschachteln werden der Reihe nach aufgestellt. Mit geschlossenen Augen gehen die Kinder als »Zwerg Nase« auf Schnuppertour, langsam von Duft zu Duft. Wo befindet sich die Zitrone, wo das Pausenbrot, wo die Zwiebel, wo die Rose ...?
- Gesprächsimpuls: Riechen wir besser mit offenen oder geschlossenen Augen? Welcher Duft macht mich froh, welcher geht mir auf die Nerven, macht mich munter oder beruhigt mich?

Aktivierung des Geruchssinnes, Konzentration, Aufmerksamkeit, warten können, Sprachentwicklung

Schnuppertanz

Material: Wattebällchen, Duftöl s.o.

Jedes Kind bekommt ein Wattebällchen in die Schnupperschachtel, das mit einem Tropfen Duftöl beträufelt wurde. Jeweils zwei Düfte sind gleich. Nun bewegen sich die Kinder mit ihrem Duft im Raum, während das Lied gesungen wird. Am Ende der Strophe bleiben alle stehen und schnuppern so lange, bis sich alle gleich duftenden Zwerg-Nasen zusammengefunden haben. Bei der Wiederholung werden die Schnupperschachteln vertauscht.
Am Ende des Spiels finden alle Duftschachteln in der Mitte ihren Platz. Alle Kinder atmen tief durch die Nase ein und aus. Es liegt ein wunderbarer, entspannender Duft im Raum.

Bewegung im Raum und gleichzeitiges Singen, Wahrnehmung von Gerüchen, Partner suchen durch Vergleichen von Gerüchen, die Erfahrung, dass Düfte beleben, beruhigen, entspannen können, bewusstes Atmen

Bilderschachtel

Material: Farben, Pinsel, Seidenpapier, Goldpapier, Klebestifte, Glitzer, Federn, Glassteine

Eine leere Schachtel bietet Raum für Phantasie. Die Kinder können sie innen bekleben oder bemalen. So entstehen kleine Schachtelbilder, mit Goldpapier und Glitzer geschmückt. Auch ein gläserner Muggelstein macht die ganz gewöhnliche Schachtel zu einem Zauberkästchen. – Während gemalt wird, summen oder singen alle leise das Lied.

In meine Zauberschachtel,
da guck ich gern hinein.
Ich sehe bunte Farben
und einen Glitzerstein.

Vielleicht wird die Bilderschachtel ein Geschenk, über das sich jemand sehr freut! – Oder sie findet ihren Platz in der Schachtel-Zauberstadt (siehe rechts) ...

Ästhetisches Gestalten, Förderung von Phantasie und Kreativität, Mut zum eigenen Ausdruck

EINBLICKE IN DIE WELT DER KUNST

Schachtel-Zauberstadt

Material: Bild: Friedensreich Hundertwasser (1928–2000) »Aerobic Church«, 1981; dazu Schachteln, Farben, Kleber, Goldpapier, Glitzer, Moos ...

Eine Postkarte des Malers Friedensreich Hundertwasser geht von Hand zu Hand. Sie zeigt ein Bauwerk zusammengesetzt aus vielen bunt gemusterten, schachtelartigen Quadraten, geschmückt mit geschwungenen Zwiebeltürmen.
Das regt die Phantasie der Kinder an, die unscheinbaren Schachteln außen mit bunten Farben und Mustern zu bemalen. Funkelnde Goldpapierschnipsel setzen ihnen noch zauberhafte Lichter auf. Anschließend werden sie zu mehrstöckigen Häusern, Türmen und Phantasiegebäuden übereinander geschichtet und zusammengeklebt.

Aus vielen bunten Schachteln
bau'n wir 'ne Zauberstadt.
Drin wohnen all die Träume,
die jeder von uns hat.

Und wo noch Papierfenster offen stehen, kann man auch ins Innere schauen. Da haben die zuvor gemalten Bilder, aber auch die Instrumente und Materialien Platz, die die vorausgegangenen Spiele begleitet haben. Die Dächer sind bepflanzt mit Gräsern und Moos. Eine bunte Traumstadt ... so wie sie Hundertwasser auch in seinen Bauten verwirklicht hat.

- Gesprächs-Impuls: Hundertwasser hat auch Kindergärten gestaltet, mit Türmchen, bunten Nischen und grasbewachsenen Dächern. Die Kinder können darüber nachdenken, wie Häuser aussehen könnten, in denen sie sich wohl fühlen.

Kreativer Umgang mit Material, ästhetisches Gestalten, Experimentierfreude, soziales Lernen beim gemeinsamen Gestalten eines Gruppenprojekts, Sprachförderung, Information über Kunst und Künstler unserer Zeit

Mozart auf der Spur

Material: Musik: W. A. Mozart (1756–1791) aus der »Zauberflöte«;
dazu Glöckchen, Gläser, Triangel, Fingerzimbeln ... (im Raum verstreut)

Wo liegen die Wurzeln des Liedes, das nun mit allen Sinnen erlebt und gespielt wurde? Manche kennen es als Volkslied: »In meinem kleinen Apfel«. Aber nur wenige wissen, dass die Melodie eigentlich von Mozart stammt und zwar aus der »Zauberflöte«. Da tanzen bunt gekleidete Mohren und singen:

Das klinget so herrlich, das klinget so schön,
la la la ...

Nie hab ich so etwas gehört und gesehen,
la la la ...

Nachdem die Kinder aufmerksam die kurze Musik gehört haben, versuchen sie herauszufinden, welche Instrumente das Lied begleiten. – Viele wird vor allem der silbrige Klang des Glockenspiels begeistern.
Was klingt wie ein Glockenspiel? Wie zufällig finden sich im Raum verstreut Glöckchen, Fingerzimbeln, Triangel oder Gläser, die mit einem Stäbchen (Buntstift) angeschlagen werden können. Die Kinder bewegen sich im Raum, um nach den Klängen zu suchen. Sobald sie ein passendes Instrument gefunden haben, probieren sie es aus. Dazu summen alle gemeinsam die Lied-Melodie.
»Das klinget so herrlich, das klinget so schön!« Beim wiederholten Hören der Zauberflöten-Musik spielen – und singen – alle mit. Mozart wäre begeistert!

Aufmerksames Hören von Musik, Kennenlernen und Heraushören von Instrumenten, Finden und Experimentieren mit Klängen, rhythmisches Empfinden beim Begleiten eines Musikstücks, soziales Lernen durch gemeinsames Spiel, Information über den Komponisten W.A. Mozart und seiner Oper »Die Zauberflöte«

Weil ich die Stille hören will

Den Klang der Stille entdecken

»Quarrtsiluni«, so heißt ein geheimnisvolles Wort. Es führt uns zu einem Stamm der Inuit (Eskimos). Diese zogen sich in einen dunklen, stillen Raum zurück, wenn sie neue Lieder für ein großes Fest erfinden wollten. Man löschte die Feuer und Lichter und saß in der Stille. Diese Stille wurde »Quarrtsiluni« genannt. Kinder und Erwachsene warteten auf die Lieder, die wie Blasen aus der Tiefe des Meeres emporstiegen, um aufzubrechen.

Auch wir brauchen diese Räume der Stille, und ganz besonders die Kinder. Hier können sie den Ausgleich zu einer lauten und hektischen Welt voller visueller und akustischer Reize erfahren. Hier lässt sich das überdrehte Rad zurückdrehen, so dass sich Körper, Seele und Geist wieder näher kommen.

Die folgenden Ideen und Spiele brauchen ihre Zeit. Sie erfordern Langsamkeit, wenn sie wirken sollen. Ob nun einzelne Elemente herausgegriffen oder in Abläufe zusammengefasst werden, hängt ganz von der Situation und den Vorlieben der Kinder ab.

Manches kann in seiner Wiederholung zum Einladungsritual werden, sei es z.B. das Lied »Ich sag dir was Leises« oder einzelne Strophen daraus. Auch die Bilderbuchgeschichte, der Zehenspitzentanz oder das Herbeirufen des Traumvogels sind Möglichkeiten.

Rituale erleichtern den Einstieg. Sie begleiten uns auf dem Weg von außen nach innen, vom Lauten zum Leisen. Rituale geben Sicherheit und schaffen Vertrauen.

»Ich spiele was Leises«: Zarte Saitenklänge auf der Kantele

Einladung zur Stille

Stille lässt sich weder verordnen noch erzwingen. Kinder wollen eingeladen werden, um vom Lauten zum Leisen zu kommen. Kleine Rituale wecken die Aufmerksamkeit und öffnen das Tor für die musikalische Traumzeit.

Ein Lied vermag dabei einen Rahmen zu schaffen, in dem sich das natürliche Bedürfnis nach Ruhe entfalten kann. Auch Klänge spielen eine besondere Rolle, seien es die silbernen Töne einer Zimbel, die zarten Saitenklänge einer Kantele oder der langschwingende Ton einer Klangschale. Lauschend spüren Kinder die harmonisierende und heilende Wirkung von Musik.

Damit Stille für Kinder zu einem Erlebnis wird, brauchen sie eine

Atmosphäre, in der sie sich wohl und geborgen fühlen. Der Raum selbst spielt mit, motiviert durch seine einladende Gestaltung. Er spiegelt für die Augen das, was Kindern bei Stilleübungen an innerer Harmonie begegnen kann.
Decken und Kissen zum Kuscheln, Tücher, deren Farbe zum Thema passt, ein Duft oder eine leise Musik schaffen eine Atmosphäre, in der sich die Sinne »gestreichelt« fühlen. Eine schön gestaltete Mitte zieht Aufmerksamkeit auf sich – sei es nun durch eine Kerze, eine Blume, ein paar schöne Steine oder ein besonderes Instrument. Dies bewirkt Zentrierung und erinnert uns an die eigene Mitte.

Auftakt – Tanz auf Zehenspitzen

Material: Six-Flat oder Glockenspiel bzw. Metallophon, Decken, Kissen

Ein Raum der Stille will auf Zehenspitzen betreten sein. Deshalb bewegen sich die Kinder barfuß oder auf Strümpfen durch den Raum. Mit weit ausgebreiteten Armen flattern, kreisen und schweben sie wie Vögel. Dazu erklingen Töne auf dem Glockenspiel oder Six-Flat.
Sobald die Musik leiser wird, werden auch die Bewegungen langsamer und schließlich treffen sich alle Vögel im »Nest« – auf den Kissen, die zu einem Kreis gelegt wurden. Die Dauer des Tanzspiels richtet sich nach dem Bewegungsbedürfnis der Kinder.
Auf den Kissen im Fersensitz hockend, fällt der Blick der Kinder auf die Mitte des Kreises. Hier steht auf einem Seidentuch eine oder mehrere Klangschalen, in denen ein Licht brennt.

Freude an der Bewegung, Achtsamkeit durch leise Bewegungen, Reagieren auf Klänge

Gesprächsimpuls

Material: Bilderbuch: »Sei doch mal still« von Hanna Johansen/ Jacky Gleich

»Sei doch mal still!«, das hören Kinder nur allzu oft. Dieser Satz ist auch Titel eines Bilderbuchs. Schon auf der ersten Seite findet sich ein Dialog, der in dieser Form sicher vielen Kindern und Erwachsenen bekannt sein dürfte:

»Sei doch mal still«!
»Warum soll ich still sein?«
»Ich will was hören!«
»Ich kann noch lauter schreien – hörst du?«
Aber der andere gibt nicht nach: »Ich will was anderes hören« ...

Und dieses andere ist leise: z.B. die Fliege am Fenster, der Regen hinter dem Fenster, der Baum, die Vögel im Baum, die Eier im Vogelnest, der Regenbogen, der Herzschlag ... Doch um das zu hören, muss es ganz still sein.
Bilder und Bildgeschichte führen ins Thema und geben gleichzeitig einen Impuls zum Gespräch. Sie regen dazu an, die Geschichte weiterzuspinnen und zu verändern. Und dazwischen wird es immer wieder still im Raum, damit die Kinder auf das horchen und lauschen können, was an Klängen und Geräuschen durch das offene Fenster hereinweht oder drinnen im Raum zu hören ist.

Literacy, aktives Zuhören, Textverständnis, Interesse, die eigenen Gedanken sprachlich auszudrücken, Freude und Interesse am Verändern und Weiterspinnen einer Bilderbuchgeschichte, Dialogfähigkeit, Erleben der Stille, Lauschen

Ich höre was Leises

Text/Mel.: Dorothée Kreusch-Jacob

2. Ich höre was Leises
und spitze mein Ohr!
Ich summe und singe
ein Liedchen mir vor.

3. Ich horch in die Muschel,
sie singt mir was vor.
Ich höre das Rauschen
des Meeres im Ohr.

4. Ich höre was klopfen,
dein Herz schlägt ganz leis,
erzählt ein Geheimnis,
von dem ich nichts weiß.

5. Ich höre was Leises
und horch auf den Ton!
Er trägt mich auf klingenden
Flügeln davon.

Stille Post

Von Ohr zu Ohr wird die Strophe des oben stehenden Liedes geflüstert. »Ich höre was Leises ...« Je nach Alter der Kinder ist der Text länger oder kürzer. Das letzte Kind, bei dem der Spruch oder Satz angekommen ist, sagt ihn leise der ganzen Gruppe.
Auch Handgesten können den Vers unterstützen. Während des leisen Sprechens bewegen sich beide Hände:

Ich höre was Leises	der Zeigefinger liegt auf dem Mund
und lausche ganz still.	mit beiden Händen hinter den Ohren
Was mir wohl die Stille	»lauschen«
heut schenken will?	beide Hände öffnen sich zu einer Schale

Nun wird die erste Strophe des Liedes vorgesungen. Leise flüstern die Kinder den Text mit und begleiten ihn mit dem Spiel ihrer Hände.

Aufmerksames Zuhören, bewusstes Zurücknehmen der »Alltagsstimme« zum leisen Sprechen oder Flüstern, Gestalten des Textes mit Handgesten, Motorik, intuitives Erfassen der Liedmelodie, Stille erleben

Ich schenk dir was Leises!

Jedes Kind sucht sich einen Freund. Kopf an Kopf legen sie sich auf eine Decke. Sie schließen die Augen und atmen ruhig. Sie fühlen einander und nehmen die Wärme des anderen Körpers wahr ...
Dann »wecken« sie die Töne, die auf der Zunge schlafen. Ihr Ausatem bringt sie zum Klingen. Und dieser Klang ist, so leise er auch erscheinen mag, deutlich und wohltuend zu hören und zu spüren – denn er wird durch den Klangraum des Kopfes noch verstärkt.
Beim Summen und Tönen gibt es kein »richtig« oder »falsch«. Jeder Ton ist Teil des Ganzen. Ziel dieser Entspannungsübung ist es deshalb nicht, ganz bestimmte Töne zu treffen, sondern entspannt und gelöst den eigenen Ton zu finden. Denn jeder Ton hat Bezug zur eigenen Befindlichkeit.
Auch die Melodie des obigen Liedes lässt sich auf diese Weise erleben. Wenn es die Erzieherin vorsingt, werden die Kinder bald

versuchen mitzusummen. Auf ihre Weise finden sie Töne, die passen mögen oder (noch) nicht.

Ich höre was Leises
und spitze mein Ohr!
Ich summe und singe
ein Liedchen mir (dir) vor.

Abwechselnd schenken sich die Kinder ein kleines Motiv aus der Melodie des Lieds. Sie geben sie sich summend über den Kopf weiter. So können Klänge ruhig von einem zum anderen fließen. Das tut gut. Und das Lied macht sich wie von alleine vertraut.

Entspannung, Stimmbildung, Körperwahrnehmung, Bewusstwerden des Atems, Gespür für den anderen entwickeln, Kommunikation durch Klänge

Bist du wach, kleines Ohr?

Material: Einige Tropfen ätherisches Öl (z.B. Orange, Lavendel, Mandarine, Honig), kleines Gefäß mit Pflanzenöl

Um etwas Leises zu hören, müssen kleine Ohren oft erst einmal geweckt werden. Dies geschieht durch eine sanfte Massage. Dabei wird rund um das Ohr geklopft (»Wach auf, kleines Ohr!«) und schließlich tastend und spürend die Ohrmuschel sanft erkundet. Was nehmen die Ohren wahr an Geräuschen? Wie fühlt es sich an? Wenn die Zeigefinger die Ohren dicht verschließen, bleibt die laute Welt draußen. Und doch ist noch etwas zu hören. Wie klingt es?
Tipp: Jedes Kind kann sich sein Massageöl selbst mischen. Nur ein kleiner Tropfen Duftöl mit einem natürlichen Pflanzenöl vermischt, das genügt schon. Die Ohren – auf diese Weise »geweckt« und belebt – werden warm und fühlen sich plötzlich viel größer an. La-

vendel z.B. hat eine entspannende und zugleich konzentrationsfördernde Wirkung. Außerdem wirkt die Ohrenmassage wohltuend und beruhigend auf den ganzen Körper, da hier viele Meridiane (Energiebahnen, die die einzelnen Organe mit Vitalität versorgen) zusammenlaufen.

Selbstwahrnehmung, das Sinnesorgan »Ohr« taktil erleben, durch Massage ein Gespür entwickeln, was dem Körper gut tut, Stärkung des Lebensgefühls und Selbstvertrauens, Entspannung, auditive Wahrnehmung

Die Muschel am Ohr

Material: Große Muschel

Eine Muschel wird von Ohr zu Ohr weitergegeben. Was ist zu hören? Wie wenn man mit dem Finger das Ohr verschließt, verschwinden die lauten Geräusche im Raum. Vielleicht ist ein Rauschen zu hören. Das Meer? Das Rauschen der Stille?

Ich horch in die Muschel,
sie singt mir was vor.
Ich höre das Rauschen
der Stille im Ohr.

Selbsterfahrung durch Lauschen, Konzentration auf Leises bzw. kaum Hörbares, warten lernen, bis man selbst an die Reihe kommt

Wenn der Rücken spürt und hört: Klangmassage mit der Zauberkugel

Der Körper hört!

Material: Klangkugel, Klangschale, Kantele oder Kalimba

Klänge lassen nicht nur die Ohren, sondern den ganzen Körper aufhorchen. Er öffnet sich den Schwingungen und Vibrationen wie ein großes Ohr. Horchend und spürend, schauend und tastend können sich unruhige Geister in die eigene Mitte spielen.
Eine Klangkugel ist ein wunderschönes Klang-Spielzeug. Wenn sie in einem Reifen gerollt wird, lässt sie ihre leisen, harmonischen Klänge hören. Zunächst folgen die Blicke der Kinder der kreisenden Kugel. Dann aber schließen sie die Augen, um ganz Ohr zu sein.

- Man kann sie auch im Kreis von Hand zu Hand weitergeben, sich in der glänzenden Oberfläche spiegeln, das glatte, kühle Metall in den Händen spüren.
- Sie schenkt uns die Stille, wenn sie ganz vorsichtig von einem zum anderen weitergegeben wird.
- Der Körper hört! – Eine Klangkugelmassage auf Rücken, Bauch, die Beine oder Arme entlang ist für Kinder jeder Altersstufe ein beruhigendes und intensives Erlebnis.
- Auch eine Klangschale, eine Kalimba oder eine Kantele können direkt auf dem Körper gespielt werden. Paarweise »schenken« sich die Kinder gegenseitig die Klänge. Dabei entsteht im Raum eine leise Musik, die entspannend auf alle wirkt.

Körperwahrnehmung, Selbstwahrnehmung, innere Spannungen abbauen, Sensibilisierung der Sinne durch Lauschen und Spüren, zur Stille kommen, Klänge meditativ erleben, Kontaktaufnahme mit einem anderen Kind (Klangmassage), Rücksicht, Sensibilität und Verantwortung dem Partner gegenüber

Herz-Töne

Unser Körper klingt. Wenn wir nach innen horchen, gibt es manches zu hören. Da ist der Atem, der kommt und geht, dieses feine Rauschen, das an ein ruhiges Meer erinnert ... Wir lassen ihn kommen und gehen ... und lauschen. Wir hören auch diese kleine Pause der Stille, die zwischen Einatmen und Ausatmen entsteht.

Ich höre was klopfen,
dein Herz schlägt ganz leis,
erzählt ein Geheimnis,
von dem ich nichts weiß.

Unser Herz schlägt im Ur-Rhythmus des Lebens. Wir spüren den Herzschlag, wenn wir die Hand auf die Innenseite des Handgelenks oder seitlich an den Hals legen. Aber hören?
Dazu finden sich die Kinder in Paaren zusammen. Sie legen den Kopf auf die Brust des anderen Kindes und horchen. Ein beruhigendes Gefühl, diesem Trommelrhythmus zuzuhören! Man kann ihn auch mit den Fingerknöcheln leise auf dem Boden mitklopfen. Nach einer Weile wechseln sich die Kinder ab.
Anschließend singen alle die Liedstrophe.

Auditive und taktile Wahrnehmung, Körpererfahrung,
Selbstwahrnehmung, Konzentration,
Sozialverhalten (den anderen wahrnehmen)

Haben Klänge Flügel?
Kurzentspannung mit Klängen

Ich höre was Leises
und horch auf den Ton.
Er trägt mich auf klingenden
Flügeln davon.

Klänge sind Wegweiser in die Stille. Ganz besonders intensiv wirken die langausschwingenden, obertonreichen Klänge einer Klangschale oder die zarten Saitentöne einer Kantele. Ihrem Verklingen nachzulauschen bewirkt allein schon Entspannung und Ruhe. Je langsamer diese Töne in ruhigem Abstand zueinander angeschlagen werden, desto tiefer wirken sie. Kinder brauchen diese Langsamkeit, um zu spüren, zu fühlen oder innere Bilder zu betrachten. Im folgenden Text sind entsprechende Stellen durch ♪ gekennzeichnet. Sie können jedoch, je nach Situation und Gespür, auch öfter Klangpausen einschieben.
Zunächst kann die Entspannungsübung durch das Sprechen oder Singen der Liedstrophe links eingeleitet werden.

Der Traumvogel

Material: Klangschale, Kantele, Triangel ...

Eine kurze Entspannungs- und Wahrnehmungsübung zu Beginn stimmt die Kinder auf die Phantasiereise ein. Sie lenkt die Aufmerksamkeit von außen nach innen. Die Pausen zwischen den Sätzen geben dem Erleben der Kinder Raum, so dass sie sich die Bilder selbst vorstellen können. Auf diese Weise freunden sie sich mit wachen Sinnen mit dem kleinen Vogel in ihren Händen an.
Ein Klang auf der Klangschale signalisiert den Beginn der Kurzentspannung, die die Kinder auf die anschließende Phantasiereise einstimmt. Sollten Sie sich als Erwachsene(r) selbst unruhig oder angespannt fühlen, füllen Sie diese Pausen mit ein paar ruhigen Atemzügen aus, die Sie in die eigene Mitte bringen.

Entspannungsübung:
Beide Hände bilden, ohne sich zu berühren, einen kleinen, kugeligen Raum, als würde ein kleiner Vogel darin sitzen.

»Schließe deine Augen und stell dir einen Vogel vor.
Es ist ein Traumvogel. ... Er ist so klein, dass er in deine Hand passt. Wenn du die Augen schließt, kannst du ihn in deinen Händen spüren ...

♪

Du fühlst wie zart er ist, seine weichen Federn. ... Du spürst seine Wärme ... er wärmt deine Hände ... deine Hände wärmen ihn ...

♪

Spürst du, wie sein kleines Herz pocht? ... Hörst du das feine Klopfen? ... Siehst du die Farben seiner Federn? Sie schimmern in allen Regenbogenfarben ... Siehst du seinen kleinen Schnabel ... und die schwarzen Augen? ...

♪

Atme durch deine Hände und spüre, wie dein kleiner Traumvogel mitatmet. Beim Einatmen plustern sich seine Federn auf und dein Vogel wächst ein wenig, beim Ausatmen wird er wieder kleiner. Spüre deinen Atem, wie er kommt und geht, ein und aus – ein und aus ... Du wirst ganz ruhig und der Vogel in deiner Hand fühlt sich geborgen. (Mehrere Atemzüge)

♪

Nun öffnest du deine Hände und lässt deinen Traumvogel fliegen. Er breitet die Flügel aus und erhebt sich in die Luft. Schau ihm nach ... du fühlst dich so leicht – wie der kleine Vogel, der im Blau des Himmels verschwindet. Und du weißt, er kommt wieder, wenn du ihn rufst.

♪

Nun reibst du kräftig beide Hände und öffnest die Augen.«

Selbstwahrnehmung, Wahrnehmung von Körper und Atem, Imagination, Konzentration, Entspannung und Ruhe erleben

Phantasiereise

Phantasiegeschichten sind »langsame« Geschichten, Wege in die Phantasie. Hierbei ist jeder Schritt wichtig, bei dem es etwas zu entdecken gibt. In den kurzen Pausen können die Kinder ihre innere Vorstellung aktivieren. In Verbindung mit Klängen kann sich die Wirkung noch intensivieren und zu tiefer Ruhe führen.
Die Kinder legen sich bequem auf den Boden. Bevor die »Reise« beginnt, geht die Erzieherin noch einmal leise von Kind zu Kind. Sie berührt sie zart mit einer Vogelfeder und flüstert:

***»Komm, schließ deine Augen und atme tief ein,
die Feder zaubert dich winzigklein.«***

Der Zauberbaum

Material: Klangschale oder Kantele, Zwitscherpfeifchen, Flötenkopf oder Zimbel; Decken, Vogelfeder

»Hörst du den Traumvogel ...? (Vogelpfeifchen, Zimbel ...) *Er zwitschert dir zu: ›Komm mit – und mach dich klein, dann fliegen wir hinaus aus der lauten Stadt, auf die große Wiese zum Zauberbaum.‹ Du lässt dir das nicht zweimal sagen. ›Also, steig auf – und halt dich gut fest‹, lächelt der kleine Vogel. Du machst dich ganz klein und steigst auf. Seine Federn sind weich und schillern in den schönsten Farben. ... Schau sie dir an, wie schön sie sind!*

♪

*Schon fliegt ihr durch das halb geöffnete Fenster hinaus ins Freie,
dem blauen Himmel entgegen. Ihr dreht noch eine Runde über eurem Haus
und über die Häuser der Stadt hinweg bis dorthin, wo du den Wald,
den Fluss und die Wiesen siehst.*

♪

Draußen auf einer großen Wiese steht der alte Nussbaum. Ruhig – so ruhig, als hätte er den ganzen Tag nur auf dich gewartet. Seine Krone malt einen dunklen Schattenkreis auf die Wiese. Und Sonnenstrahlen lassen goldene Kringel auf seinen Blätter tanzen.

♪

Es ist wunderschön hier draußen. ›Riech mal‹, flüstert der kleine Wind. Und tatsächlich, jetzt riechst du den Duft des Grases, der Kräuter, der Blumen, den Duft der feuchten Erde. Tief atmest du ihn ein. Du stehst da und atmest. Ein und aus … ein und aus … der sanfte, frische Duft des Frühlings erfüllt dich ganz …

♪

›Hör mal‹, zwitschert der kleine Vogel. ›Hörst du das Lied des Frühlings?‹ Du horchst – und jetzt hörst du es: Die Blätter rascheln leise. Der kleine Bach gluckst und murmelt vor sich hin. Eine Hummel brummt vorbei.
Und von irgendwoher weht der Wind das Klopfen eines Spechts und den Ruf des Kuckucks herüber. Ein Flugzeug zieht weit oben seine Bahn.
Du horchst, du atmest, du bist ganz Ohr …

♪

›Schau mal!‹, zwitschert der kleine Vogel und zeigt mit dem Schnabel nach oben. Du schaust hinauf in den alten Nussbaum. Und da siehst du es. Zwischen den dunklen Ästen leuchtet etwas. Es sind Nüsse: Rote, gelbe, blaue, goldene und silberne Nüsse.
›Hol dir eine davon!‹, raunt der Baum dir zu. ›Es sind Traumnüsse. Wenn du sie öffnest, wirst du darin einen wunderschönen Traum finden.‹ Mach sie auf, schau was drin ist – und träume noch ein wenig deinen Traum …«
(mehrere Klänge in ruhigem Abstand zueinander)

♪

Weckruf

Material: Vogelpfeifchen oder Zimbel

Durch einen leisen Weckruf mit dem Vogelpfeifchen oder einem hellen Klang mit der Zimbel werden die Kinder wieder aus ihrem Traum zurückgeholt. Die Schwingungen der hohen Töne aktivieren den Kopfbereich, wirken klärend und reinigend.
Ein Text zum Wachwerden:
»Hörst du den hellen Ton? Der Traumvogel verabschiedet sich von dir. Du atmest tief und spürst, wie du mit jedem Atemzug größer wirst ... Dann bewegst du die Füße und die Hände, reckst und streckst dich und bist wieder wach und frisch hier im Raum angekommen.«

Phantasie und Vorstellungsvermögen, Selbstwahrnehmung, Erleben der Stille

Der Traumbaum

Material: Großer Packpapierbogen, Wachsmalkreiden, bunte Papierkreise

Auf dem Fußboden liegt die Form eines großen Baumes, auf einen Bogen Packpapier gemalt. Er soll mit bunten Traumnüssen geschmückt werden.
Um den Baum verstreut liegen bunte Papierkreise. Jedes Kind sucht sich einen in seiner Lieblingsfarbe aus, um darauf seinen Traum zu malen. Währenddessen summen alle das Lied oder es erklingt eine leise Musik.
Die Kinder werden ermuntert zu erzählen, was sie in ihrem Traum erlebt haben. Damit treten sie wieder ganz bewusst aus ihrer Traumwelt heraus und finden in die Wirklichkeit zurück. Anschließend schmücken sie mit ihrem Bild den Baum.

Sprachlicher und bildhafter Ausdruck des Erlebten, Erkennen, dass Träume, Erlebnisse und Gefühle ganz verschieden dargestellt werden können, Gestalten eines Bildes als Gemeinschaftsprozess

Ausklang

Material: Instrumente verschiedenster Art z.B. Triangel, Wassergläser, Becken, Glöckchen, Zimbel, Xylophon, Glockenspiel oder Sen-Plates

Welcher Klang passt zu meinem Traum? Die Kinder suchen Klänge für ihre Träume. Hier können noch einmal alle Instrumente zum Einsatz kommen, die verfügbar sind. Ein Kind spielt den Dirigenten. Er zeigt mit einem Stöckchen auf die bunten Träume im Baum und schon beginnen diese zu klingen.
Wenn ein anderes Kind seine Rolle übernimmt, klingt es wieder ganz anders. Es können auch zwei Träume gleichzeitig erklingen ...
Zum Abschied bilden alle Kinder einen Kreis um den Zauberbaum. Er wird noch einmal bewundert und umtanzt.

Klangphantasie, Staunen über die Ideen und Fähigkeiten anderer, Selbstwertgefühl durch die Übernahme der Dirigentenrolle, Sicheinordnen in den musikalischen Gruppen- und Gestaltungsprozess, ein Lied mit dazu passenden Klängen begleiten

Traumstunde mit Musik

Im Horchversteck aus Tüchern kann man träumen und lauschen. Dafür eignet sich besonders ruhige klassische Musik, die innere Bilder weckt und die Phantasie auf Reisen gehen lässt. Die ausgewählten Stücke sind so kurz, dass sie Kinder nicht überfordern.

- Wiederholtes Hören ist nicht langweilig. Im Gegenteil – mit jedem Mal freunden sich die Kinder mehr mit dem Musikstück an.
- Bei Beginn der Musik schließen die Kinder die Augen. Nun werden die Ohren umso wacher. Erst nach dem letzten Ton öffnen sie die Augen wieder.
- Alle sitzen im Kreis. Während die Musik erklingt, fasst die Erzieherin zart eine Hand des Kindes, das neben ihr sitzt. Dieses ergreift die Hand des nächsten Kindes ... bis sich am Ende alle bei den Händen gefasst haben.
- Beim wiederholten Hören halten sich alle an den Händen. Wie hört, wie »fühlt« sich die Musik jetzt an?

Aktives Hören, Ruhe erleben, Sich-eingebunden-Fühlen durch gemeinsames Musikhören, Nähe und Geborgenheit erfahren

Stille-Steine

Material: Musik: z.B. Antonio Vivaldi (1678–1741) aus den »Vier Jahreszeiten« – Winter; dazu ein Kieselstein für jedes Kind

Erst hören die Kinder gemeinsam ruhige Musik. Vor dem zweiten Hören schließen alle die Augen. Die Händen bilden eine Schale, offen für das, was die Stille ihnen schenkt. Dann legt die Erzieherin jedem Kind einen Kieselstein in die Hand. Wie hört, wie »fühlt« sich die Musik dieses Mal an?

- Zum Schluss legen alle ganz leise mit ihren Steinen gemeinsam eine Form einen Stern, eine Sonne, einen Kreis, eine Spirale ... Kann das so leise geschehen, dass nicht das geringste Geräusch entsteht? – Wieder erklingt dazu die Musik.

Auditive und taktile Wahrnehmung, Stille-Erfahrung, gemeinsames Legen eines Bildes, Konzentration, Aufmerksamkeit, Kennenlernen eines klassischen Musikstücks

Spuren im Sand

Material: Musik: Robert Schumann (1810–1856) »Sheherazade« aus dem »Album für die Jugend« (Klavier); dazu Kartondeckel, Vogelsand, Schneckenhaus, Steine, Federn, Blumen u.a. Naturmaterial

Jedes Kind hat einen Kartondeckel mit Vogelsand vor sich. In die Mitte dieses »Zaubergärtchens« legt es ein Schneckenhaus oder einen anderen kleinen Gegenstand, der ihm lieb ist. Während die ruhige Klaviermusik erklingt, bewegt sich der Finger langsam in Spiralen um den Mittelpunkt. So entsteht eine Spur, ein Weg, dessen Verlauf die Musik bestimmt: ein Zaubergärtchen der Stille, wie man es aus der Zen-Tradition kennt.

- Nachdem die Musik verklungen ist, wird es anschließend noch mit Gräsern, Steinchen und anderen Kostbarkeiten aus der Natur ausgeschmückt. Dabei ist es ganz still im Raum.

Auditive und taktile Wahrnehmung, aktives Hören, Gestalten mit Sand, Konzentration, Aufmerksamkeit, Entspannung

Vivaldi ruft die Farben wach

Material: Musik: Antonio Vivaldi (1678–1741) Largo aus dem Konzert für Piccoloflöte und Orchester in C-Dur; dazu Papier (evtl. lange Papierrolle für mehrere Kinder), Wachsmalkreiden, Filzstifte oder Buntstifte, Kleister

Beim entspannten Malen nach Musik geht es nicht um Fertigkeiten, sondern darum, sich selbst auszudrücken und wahrzunehmen. Welche Farben ruft die Musik wach? Welche Formen zaubert sie aufs Papier? Welche Bewegungen zeigen sich, wenn die malende Hand »Ohren« bekommt?

- Wenn beide Hände gleichzeitig malen, entstehen ineinander verwobene Formen. Für das malende Kind ein besonderes Erlebnis, das beruhigend und entspannend wirkt. Hier werden beide Gehirnhälften intensiv aktiviert und ausbalanciert.
- Mit Fingerfarbe oder Kleisterfarbe kann direkt mit den Händen auf dem Papier gemalt werden. Hier verbinden sich auditive, visuelle und taktile Wahrnehmungen miteinander. Diese Nass-in-nass-Bilder wirken besonders intensiv auf unsere Gefühle.
- Tipp: Wenn die Papierbögen auf dem Tisch oder Boden mit Klebeband festgeklebt werden, verrutschen sie nicht beim Malen.

Auditive, visuelle, taktile Wahrnehmung, aktives Hören und Kennenlernen von klassischer Musik, Vorstellungsvermögen, intuitives Erfassen von Klangfarben, Rhythmus, Ausdruck und Form eines Musikstücks durch Umsetzung in bildnerisches Gestalten

Meditatives Malen zu zweit

Material: Musik: Joh. Seb. Bach (1685–1750), Menuett aus dem Konzert für Cembalo oder Oboe BWV 1056; dazu Papier, Farb- oder Filzstifte

Die Kinder finden sich zu Paaren zusammen. Hintereinander sitzen sie auf dem Boden. Während die ruhige Musik erklingt, malt das hintere Kind mit beiden Händen auf den Rücken des vorderen Kindes das, was es hört. Anschließend werden die Rollen getauscht.

- Auch zu zweit lässt es sich malen, wenn Musik erklingt. Wenn beide Hände denselben Stift anfassen, dann können sie sich gemeinsam zur Musik bewegen. Langsam und vorsichtig lassen sie sich von der Musik leiten. Die untere Hand führt, die obere Hand folgt. – Danach wechseln die Rollen.

Aktives Hören, auditive und taktile Wahrnehmung, Kennenlernen von klassischer Musik, gemeinsames Umsetzen der gehörten Musik durch meditatives Malen, Erleben von Führen und Folgen, Nähe, Vertrautheit und Rücksichtnahme erleben, zur Entspannung kommen

Mozart leuchtet

Material: Musik: W. A. Mozart (1756–1791) Klavierkonzert A-Dur; dazu Wachsmalkreiden, Scheren, Transparentpapier, großer runder Papierkreis aus farbigem Tonpapier

Wissenschaftler haben herausgefunden, dass bei Mozartmusik das Gehirn in seiner Gesamtheit geradezu aufleuchtet. Man spricht deshalb auch vom »Mozart-Effekt«.
Die Kinder sitzen rund um einen großen Kreis aus farbigem Tonpapier. Mit geschlossenen Augen horchen sie auf die ruhige Musik. Dabei »malen« sie mit ihren Händen Figuren in die Luft, die dem langsamen Fluss der Musik entsprechen. Ein Tanz der Hände aus Linien, Kreisen, Spiralen ...

Beim wiederholten Hören bringen sie diese Luft-Figuren als gemalte Klangspuren auf das große runde Papier, das vor ihnen liegt. Anschließend schneiden sie aus dem Gemalten verschiedene Formen aus. Wenn diese Lücken dann mit farbigem Transparentpapier hinterklebt werden, entsteht ein wunderschön leuchtendes, großes Mandala.
Während es vors Licht gehalten oder ans Fenster geklebt wird, erklingt noch einmal die Musik. Nun können die Kinder das Mandala in Ruhe bestaunen.

Sensomotorik, aktives Hören, Gehörtes in Bewegung, Farbe und Form umsetzen, soziales Lernen durch Gestalten eines gemeinsamen Bildes, Entspannung

Wenn die Füße Ohren kriegen

Sprache singend und tanzend erleben

Sprache öffnet Welten. Von klein auf sprechen Kinder mit ihrem Körper, drücken Gefühle aus und kommunizieren mit ihrer Umwelt. Im Laufe der Zeit erweitern sie diese Möglichkeiten des Selbstausdrucks und des Kontakts um den sich allmählich entwickelnden Bereich der Wort-Sprache. Das folgende Lied verbindet Bewegung und Sprache miteinander. Es kann auch als Begrüßungslied für andere musikalische Spielstunden gesungen und getanzt werden.
Im Sichbegegnen, Auf-einander-Zugehen und Begrüßen – auch in fremden Sprachen – erschließen sich Kinder singend neue Sprachwelten.

Zum Auftakt

Eine Geschichte: »Es war einmal ein Mann, der machte sich auf, um in die große, weite Welt zu reisen. Er wollte auf seinen Reisen vieles sehen und hören, wollte fremde Länder und Leute kennen lernen. Aber er war allein und hatte keinen Freund. Keinen, dem er seine Erlebnisse erzählen konnte. In den meisten Ländern verstand er die Sprache der Leute nicht, denen er begegnete, und natürlich kannte er auch nicht ihre Namen. Aber er war neugierig und wollte sie unbedingt kennen lernen. Was würdet ihr machen, wenn ihr Men-

schen begegnet, die ihr nicht versteht und deren Namen ihr nicht kennt? Menschen, die ihr aber unbedingt kennen lernen wollt? ...«
(Weiter auf S. 136)

Zuhören als aktiver Prozess zum Gespräch, Vielfalt kommunikativer Ausdrucksmöglichkeiten erfahren

Gesprächs-Impuls

Sich begrüßen ... wie machen wir uns verständlich? Auch ohne Worte? Vielleicht mit einer Handbewegung, einer Geste, mit einem freundlichen Blick, einem Blinzeln, einem Lächeln, einem Pfiff oder mit einem Händedruck? Welche Begrüßungsworte fallen uns ein? Kinder aus der Gruppe, die nicht Deutsch als Muttersprache sprechen, sagen sie in ihrer Heimatsprache ...

Grüße ohne Worte

Material: Trommel, Six-Flat bzw. Xylophon-Klangbausteine, Klanghölzer oder CD mit tänzerischer Musik

Zu den Klängen einer Trommel gehen die Kinder durch den Raum, die Hände auf dem Rücken. Sie begrüßen einander ohne Worte – nur mit dem Gesicht. Durch einen freundlichen Blick, durch ein Lächeln ... Sobald die Trommel aufhört zu spielen, bleiben alle stehen, begrüßen den, der am nächsten steht, und nennen ihren Namen. Während die Erzieherin einen Rhythmus auf Klanghölzern spielt, begrüßen sich die Kinder auch mit den Bewegungen ihrer Hände (ohne sich die Hand zu geben). Wie können Hände sprechen? Welche Bewegungen wirken freundlich? Nach dem Verstummen der Klanghölzer stehen bleiben und den nächsten Freund begrüßen.

Und nun darf der ganze Körper sprechen! – Dazu erklingen Töne auf dem Six-Flat (oder Klangbausteine).

Sichausdrücken in Mimik, Gestik und mit der Bewegung des ganzen Körpers, interaktives Spiel, Reagieren auf verschiedene Klänge, Raumerfahrung

Geschichte: »Der Mann im fremden Land wollte also die Leute unbedingt kennen lernen und begrüßen. Er überlegte eine ganze Nacht und einen halben Tag. Welche Sprache können alle sprechen und alle verstehen? Gibt es eine Sprache ohne Worte? – Auf einmal kam ihm die Lösung des Rätsels: Es war die Musik! Um miteinander zu singen, zu spielen und zu tanzen braucht man keine Worte, man versteht sich ganz einfach, ohne zu sprechen.
Also benutzte er einen Zaubertrick und verzauberte alle Menschen, die ihm auf der Straße begegneten, durch einen einfachen Händedruck in Elefanten. Mal sehen, ob es ihm glückt!«

Elefantentanz

Text: Josef Guggenmoos/Dorothée Kreusch-Jacob
Mel.: Dorothée Kreusch-Jacob

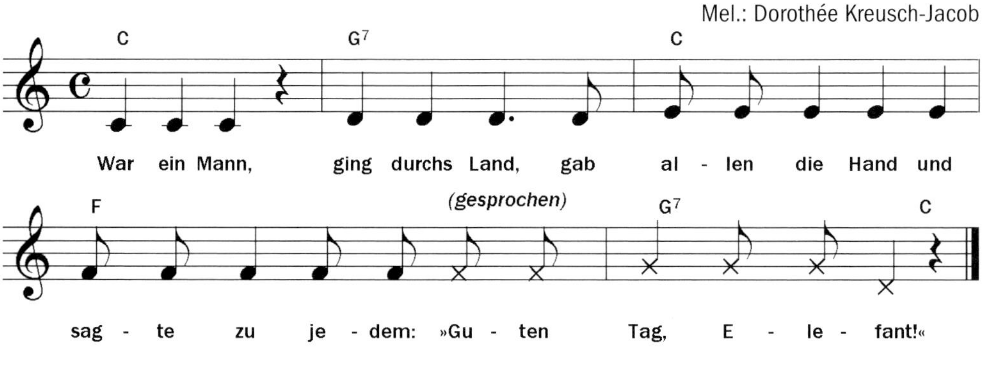

Die Erzieherin geht nun auf ein Kind zu und begrüßt es mit der Hand: »Guten Tag, Elefant!« Bald laufen alle kreuz und quer durch den Raum, um sich zu begrüßen. Dazwischen sind auch immer wieder Grüße in anderen Sprachen zu hören.

»Guten Tag, Elefant!«
»Dobar dan, slone!«
»Bonjour, éléphant!«
»Bon giorno, elefante!«

Wie bewegt sich ein Elefant? – Schwergewichtig und doch weich in den Bewegungen stampft er durchs Land mit seinen vier Füßen. Es ist, als würden diese in den Sand einsinken. Währenddessen singen die Kinder noch einmal die Liedstrophe.

Elefanten haben große Ohren. So große, dass sie beim Tanzen nach vorne und hinten klappen. Nun sind Hände und Füße in Bewegung. Und nun schwenken alle Elefanten ihren Rüssel. Dabei fassen sie sich mit der linken Hand ans rechte Ohr und strecken den rechten Arm durch die linke Armbeuge hindurch. So kann der »Rüssel« im Rhythmus des Liedes hin- und herbaumeln. – Am Schluss der Strophe spritzen sich die Elefanten mit dem Rüssel gegenseitig nass.

Bei der nächsten Strophe tun sich zwei Elefanten zusammen. Der hintere fasst den vorderen an den Schultern – und so trampeln sie Schritt für Schritt durch den Raum. Dabei führen die Hände den vorderen Elefanten so, dass er nicht aus dem Tritt kommt.

Und nun wird es leise. Alle Kinder summen die Melodie, wobei das hintere Kind dem vorderen Kind einen Elefanten auf den Rücken

malt. Oder etwas anderes, das es zu erraten gilt! Das macht neugierig – und tut gut. Partnerwechsel.
Beim letzten Mal heißt es heimtrampeln. Dabei gilt eine einfache Regel: Singend und tanzend sucht jedes Kind seinen Weg durch den Raum. Beim letzten Ton des Liedes haben jedoch alle wieder ihren Platz im Kreis gefunden.

Vorstellungsvermögen, Bewegungsphantasie, Grobmotorik, Gehörtes in Bewegung umsetzen, auditive, taktile u. kinästhetische Wahrnehmung, Raumerfahrung, soziales Lernen, Sprachlernen

Fremde Sprachen

Dieses Lied lässt sich auch in anderen Sprachen singen. Neugierig fragen die Kinder ihre anderssprachigen Freunde zunächst nach einzelnen Worten, z.B. was heißt Elefant auf italienisch? (»elefante«), auf englisch? (»elephant«), auf kroatisch? (»slone«) ...

»Elefante balla come!«
»Dance with me like an elephant!«
»Danse avec les éléphants!«
»Slone doci plesati!«

Jedes Mal wird das fremde Wort nachgesprochen und später in die noch fremd klingende Strophe eingebaut. – Durch wiederholtes Hören und Bewegen entwickelt sich allmählich Verstehen und Vertrautheit mit dem fremden Sprachklang, ein Gefühl für die Vielfalt der Sprachen. Wiederholung plus Bewegung plus Spielfreude »verankert« das Gelernte. Und mit der Zeit singen die Kinder mit, angeführt von denen, die sich in ihrer Sprache schon zu Hause fühlen.

Sich vertraut machen mit fremden Sprachklängen, Verankern durch Wiederholung

Finger- und Handgestenspiel: Der kleine Elefant

Schau, da kommt mein Elefant,	mit zwei Fingern über den Körper
kommt dahergerannt, rannt, rannt.	laufen
Schnauft und schnauft und	hörbares Schnaufen
schnauft so sehr,	mit dem Zeigefinger den
schwenkt den Rüssel hin und her.	»Rüssel« schwenken
Kommt direkt aus Afrika –	weit ausholende Handbewegung
seit zwei Stunden ist er da.	die Zahl »zwei« mit den Fingern
	zeigen
Ist er denn zu Fuß gekommen?	Gehbewegungen mit den Füßen
Hat ein Bus ihn mitgenommen?	imaginäres Lenkrad drehen
Oder reiste er per Bahn?	Arme verschränken,
	sich gemütlich zurücklehnen
Kam er mit dem Schiff hier an?	Wellenbewegungen mit
	den Händen
Ist er durch die Luft geflogen?	Flugbewegungen
Glaub mir – alles ist gelogen:	auf sich selbst zeigen,
	verneinende Handbewegung
Dieser kleine Elefant	
wird gespielt von meiner Hand.	die ganze Hand herzeigen

Dorothée Kreusch-Jacob

Sensomotorik, Verbindung von Sprache und Bewegung, Sprachförderung

Mini-Elefant auf Weltreise

Material: Karton, Malstifte, Schere, Trommel

Ein Hand-Kostüm für den kleinen Elefanten ist schnell gemacht: Aus einem dünnen Karton wird ein Elefantengesicht ausgeschnitten sowie ein Loch zum Durchstecken des Fingers für den Rüssel. Kleinere Kinder können sich von größeren dabei helfen lassen. Während das Gedicht gesprochen wird, sind alle fünf Finger beschäftigt. Der kleine Elefant kann auf vier Beinen laufen und sogar mit dem Rüssel wackeln. Er rennt und rennt, vielleicht auf dem Tisch, auf dem Fensterbrett oder auf der Gartenmauer entlang. Und er schnauft dazu, schließlich kommt er ja aus Afrika.
Ob er mal auf einer Trommel tanzt? Dann sind seine Schritte genau zu hören. Eine schöne Begleitmusik für das Gedicht!

Feinmotorik, Sprachgefühl, handwerkliche Fertigkeiten, kreatives Gestalten

Jumbos Trompete

Material: Plastikschlauch aus dem Baumarkt oder Jaulschlauch

Jumbo trompetet mit seinem Rüssel. Beim Hineinrufen, -singen oder -prusten wippt der Schlauch hin und her, rauf und runter. Dabei bewegen sich auch die Töne im Raum. Aufmerksame Ohren können den lustigen Töne-Tanz verfolgen. Und das umso deutlicher, wenn die Augen geschlossen und die Ohren umso wacher sind!

Aktives Hören, Raumwahrnehmung, Richtungshören, Experimentierfreude, Aufmerksamkeit und Konzentration

Zwei kleine Finger-Elefanten auf Weltreise

EINBLICKE IN DIE WELT DER KUNST

»Guten Tag, Elefant!« – Auch in Kunst und Klassik treiben sich immer wieder Elefanten herum, sehr zum Vergnügen von Kinderohren: ob Babar, der kleine Elefant aus dem gleichnamigen Bilderbuch lebendig wird, im *Karneval der Tiere* ein Elefant Walzer tanzt oder ob Claude Debussy einen Elefanten namens Jumbo mit einem Liedchen auf dem Klavier zum Einschlafen bringt. Die folgenden beiden Anregungen bieten Kindern die Möglichkeit, Musik zu hören und zu erleben: Der Weg führt vom Hören zur Bewegung und vom Impuls der Bewegung zum bewussten Hören.

Jumbos Wiegenlied

Material: Musik: Claude Debussy (1862–1918) »Jumbos Lullaby« aus »Children's Corner«

Die kleinen Elefanten sind müde. Sie ruhen sich im Schatten eines Baumes aus. Nur ihre Ohren sind wach. Sie hören entspannt das Klavierstück, das sich »Jumbos Wiegenlied« nennt.
Obwohl diese Musik ein Wiegenlied ist, tauchen immer wieder recht lebendige und witzige Motive auf. Auch ein Tanzrhythmus ist zu hören. Was träumt Jumbo? –
Anschließend erzählen die Kinder, was Jumbo im Traum erlebt hat.

Konzentriertes Hören, Vorstellungskraft, Erlebnisse sprachlich ausdrücken

Wie klingt ein Elefant?

Material: Musik: Camille Saint-Saëns (1836–1921) »Der Elefant« aus »Der Karneval der Tiere«

In seiner Suite »Karneval der Tiere« hat der Komponist Camille Saint-Saëns auch ein Stück mit dem Titel »Der Elefant« geschrieben. Es ist so kurz, dass es gut mehrmals gehört werden kann. Hier ein paar Vorschläge, die jede Wiederholung für die zuhörenden Kinder auf andere Weise erlebbar machen:

- Alle Kinder verwandeln sich in Elefanten. Sie fühlen sich groß und schwer. Ihre mächtigen Füße sind fest mit der Erde verbunden. Ihre Augen sind geschlossen, aber ihre großen Ohren sind wach. Ruhig atmen sie ein und aus. Sie horchen ...
- Mit den Ohren »sehen«: Mit geschlossenen Augen hören die Kinder die Musik. Sie sehen das Bild vom Elefanten vor sich, das Saint-Saëns mit seinen Klängen malt. Ist er groß oder klein? Steht

er ruhig da? Oder trampelt er durch die Gegend? Macht er Zirkus-Kunststücke oder tanzt er vielleicht?

- Mit den Füßen »hören«: Der Dreivierteltakt verrät es deutlich: Der Elefant tanzt einen Walzer. Da bekommen die Füße Ohren und wollen mittanzen! – Zu zweit fassen sich die Kinder am Elefantenrüssel und schwingen hin und her.
- Welche Instrumente sind zu hören? Vor allem sind es die dunklen, weichen Bässe, die auf wunderbare Weise den Tanz des schweren Dickhäuters charakterisieren. Dazu immer wieder die bewegten Figuren des Klaviers, die Leichtigkeit und Bewegung in die Musik bringen.

Aktives Hören und Kennenlernen eines Musikstücks, Konzentration, Wahrnehmung des Atems, Entspannung, Körperwahrnehmung, Imagination und Vorstellungsvermögen, Freude an der Bewegung zur Musik, Heraushören und Erkennen von Instrumenten

Ein Instrument auf Besuch

Ein ganz besonderes Erlebnis für die Kinder ist es, wenn sich die Gelegenheit bietet, eines dieser Instrumente näher kennen zu lernen. Vielleicht gibt es eine Musikschule in der Nähe oder Eltern und ältere Geschwister eines Kindes besuchen die Gruppe und stellen ihr Instrument vor. Ein Kontrabass oder Cello mit den warmen und tiefen Tönen passt ideal zum Thema »Elefant«.
Es ist erstaunlich, wie konzentriert und gespannt Kinder auf diese »lebendigen« Töne reagieren, im Gegensatz zu den vielen technisch und virtuell erzeugten Klängen ihrer gewohnten Medienwelt! Mit allen Sinnen wird gehorcht, geschaut, geschnuppert – mit zarten Fingerspitzen über Holz und Saiten getastet – Vibration und Schwingung erlebt. Und vorsichtig werden sogar ein paar Töne zum Erklingen gebracht! Wer weiß, vielleicht entsteht beim einen oder

anderen Kind schon der Wunsch, später einmal dieses Instrument zu erlernen.

Ruhephase, konzentriertes Hören, multisensorische Wahrnehmung eines Instruments (auditiv, visuell, taktil, kinästhetisch), Einbeziehen des kinästhetischen und akustischen Sinnessystems, Kontakt mit einem Musiker bzw. musizierenden Gegenüber

Ausklang: Der Rieseneletant

Material: Großer Papierbogen, Wachsmalkreiden

Während sie noch einmal die Elefantenmusik hören, malen die Kinder gemeinsam am Boden einen großen Elefanten. Zum Abschied schließlich wird der Elefant im Kreis umtanzt.

Gemeinsames Gestalten eines Bildes, Freude an der Bewegung, allein und in der Gruppe, aktives Hören

Jedes Lied hat seine Farbe

Malen und Gestalten von Liedern

Wer kennt nicht das Problem mit langen Liedern? Wie sollen sich Kinder viele Strophen merken? Unversehens wird der Gesang von Strophe zu Strophe dünner. Dabei bieten lange Lieder oft etwas ganz Besonderes. Sie erzählen in Bildern. Bilderreiche Lieder oder Geschichten wurden vor Jahrhunderten von fahrenden Sängern vorgetragen. Gespannt hörte ihnen das Publikum zu. Mitgesungen hat es wohl kaum – nur dann, wenn ein Kehrreim auftauchte mit einer Melodie, die entweder bekannt war oder schnell ins Ohr ging. Besonders erfinderische Sänger begannen mit der Zeit, ihre Lieder in einer Art Bilderschrift darzustellen.

Auch Kinder denken in Bildern. So bieten gerade Lieder, deren Texte reich an Bildern sind, viele Gestaltungsmöglichkeiten. Die Phantasie »hangelt« sich an den Bildern entlang. Beim Refrain schwenken die Kinder singend in die bereits bekannte Melodie ein. Von Mal zu Mal festigen sich so die Inhalte, später auch der wortgetreue Text und die Melodie.

Allerdings brauchen solche Lieder Zeit. Akzeptieren Sie es deshalb, dass sie längere Zeit »Zuhör-Lieder« sein werden. Erst allmählich wird sich der genaue Text einprägen, umso tiefer und verlässlicher, je mehr er nicht Lernstoff, sondern Erlebnis und Spiel sein durfte.

Auftakt: Ein Bilderbuch betrachten

Jeder Tag hat eine Farbe, so lautet der Titel eines Bilderbuchs von Dr. Seuss. Mit seinen bunt bewegten Bildern greift es die Gefühlswelt der Kinder in ihrem ganzen Spektrum auf und spricht sie spontan an. Es verbindet die einzelnen Tage mit Farben und diese mit verschiedenen Emotionen: mal übermütig, mal traurig, mal leicht, mal schwer, mal beschwingt ...

Warum möchte man an bestimmten Tagen leicht wie ein Vogel durch die Luft fliegen? Oder als Zirkusclown auf dem Kopf stehen und lachen? Oder an grauen Tagen wie die Eule einfach nur dasitzen und schauen: »nichts rührt sich, nichts rührt mich – ich schau«. Fühle ich mich an manchen Tagen wie ein Fisch, ein Löwe, ein galoppierendes Pferd oder ein stachliger Igel?

Sprachförderung durch die Begegnung mit einem Bilderbuch, Literacy, Textverständnis, Freude am Ergänzen und Weitererzählen der Geschichte

Gesprächs-Impuls

Beim Anschauen des Bilderbuchs ergeben sich vielfältige Anregungen zum Gespräch. Wie fühlt sich ein gelber Tag an? Und wie ein grauer Tag? Wie geht es mir heute, was freut mich, was bedrückt mich, was macht mich wütend oder bringt mich zum Lachen? Wie kann man sehen, ob jemand sich freut, traurig oder wütend ist? Was zeigt unser Gesicht, was zeigt unser Körper, unsere Haltung? Wie bewege ich mich, wenn ich traurig, wütend oder übermütig bin?

Farben – wie erleben wir sie? Machen sie fröhlich, regen sie an, gehen sie auf die Nerven, wirken sie beruhigend, tun sie wohl?

Wochentage haben Namen. Wie heißt der heutige, wie der gestrige? Was hat der morgige Tag für einen Namen? Hier ergibt sich die

Möglichkeit, die Namen der Wochentage spielend zu lernen. Tage, Monate und Jahre werden in einem Kalender festgehalten. – Es entsteht die Idee, die Anregungen, die das Bilderbuch und das folgende Lied (S. 152) vermitteln, in einem Gefühlskalender zu gestalten.

Sprachkompetenz, Freude an Kommunikation, Fähigkeit, eigene Gedanken und Gefühle auszudrücken, aktives Zuhören, Dialogfähigkeit

Der Refrain des folgenden Liedes kann wie ein Leitmotiv sowohl beim Anschauen des Bilderbuchs als auch beim Gespräch oder während des Malens immer wieder gesungen werden. Durch diese Wiederholungen prägt es sich ein.

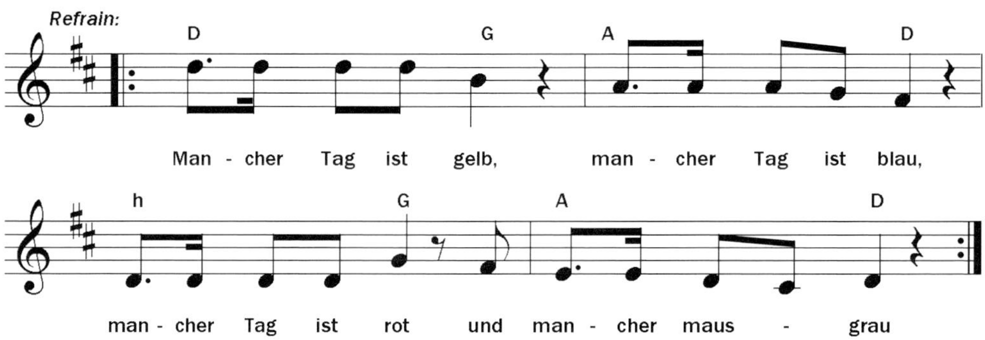

Eine Maske mit zwei Gesichtern

Material: Pappteller, Farben, Wollreste, Federn, Knöpfe, Kleber; dazu folgende Instrumente: Six-Flat oder Metallophon- bzw. Xylophonbausteine; für das fröhliche Gesicht Trommel, Spring Drum für das grimmige Gesicht

Jedes Kind bemalt beide Seiten seines Papptellers mit kontrastierendem Gesichtsausdruck: vorne ein fröhlich lachendes, hinten ein trauriges oder grimmig dreinschauendes Gesicht. Im »Handumdrehen« lässt sich nun der Gesichtsausdruck verändern.

Welche Bewegung passt zu den beiden unterschiedlichen Masken? Welcher Stimmausdruck passt zu den Gefühlen, die sie ausdrücken? In zwei Gruppen aufgeteilt (Lachgesichter und Schmoll-Wut-Trotz-Gesichter) versuchen die Kinder dies herauszufinden. Danach Rollenwechsel ...
Nun werden die Tänzer mit Instrumenten begleitet. Die Kinder, die ihre fröhlichen Maskengesichter zeigen, tanzen mit leichten, hüpfenden, drehenden oder schwebenden Bewegungen. Dazu passt die Begleitung auf einem Six-Flat oder einem Metallophon. Die Schmoll-Wut-Trotz-Gesichter reagieren mit polternden, kantigen, plumpen, schlurfenden ... Bewegungen auf den Rhythmus einer Trommel und einer Spring Drum.

Umgang mit Material, Gefühlserleben bildnerisch darstellen, Gefühle in Bewegungen »zur Sprache« bringen, Polaritäten wahrnehmen und ausdrücken mit Körper, Stimme und Klang, Wechsel von motorisch unterschiedlichen Phasen, sensomotorische Umsetzung von Gehörtem.

Tanz der Doppelgesichter

Alle Kinder bewegen sich mit ihren Wendemasken im Raum. Sobald sie die hellen Töne hören, zeigen sie das dazu passende Maskengesicht und reagieren mit den entsprechenden Bewegungen. Wenn die dunklen Töne erklingen, ändern sich im »Handumdrehen« Gesichtsausdruck und Bewegung.
Einige Kinder übernehmen das Spiel auf den Instrumenten. Tänzer und Musikanten wechseln sich ab.

Reagieren auf helle und dunkle Klänge, Gefühle in ihrer Gegensätzlichkeit wahrnehmen, in Bewegung und auf Instrumenten gestalten

Mein Gefühl hat ein Gesicht!

Spiel S. 148

Gefühlskalender

Material: Masken, Tuch als Pinnwand, Wäscheklammern, Schnur

An einer Pinnwand oder einem an der Wand befestigten Tuch werden alle Masken an Schnüren mit Wäscheklammern aufgehängt (damit sie immer wieder zum Tanzen abgenommen werden können). Hier schauen die fröhlichen und traurigen Gesichter in die Runde. Schon morgens beim Betreten des Gruppenraums dreht jedes Kind seine Gefühlsmaske in die Position, wie es sich fühlt. Ob lustig oder traurig, das gibt immer Anlass zu Gesprächen. Wie geht es dir heute? Wo drückt der Schuh? Welche Farbe hat dein Tag? ...
Dazwischen kann immer der Refrain des Liedes erklingen: Mancher Tag ist gelb, mancher Tag ist blau ...
Kleinere Kinder, denen das Bemalen eines Papptellers vielleicht noch schwer fällt, malen ihre Gesichter gemeinsam auf einen großen Bogen Papier. Dann werden sie ausgeschnitten und aufeinander geklebt: vorne das fröhliche, hinten das traurige Gesicht. Auch wenn sie verschieden groß ausfallen, auf dem Kalender hat jedes Gesicht, ob klein oder groß, seinen Platz.

Wahrnehmen und Benennen von Gefühlen, Selbstwahrnehmung, anderen zuhören und sich in sie hineinversetzen, soziale Kompetenz

Jeder Tag hat seine Farbe

Text/Mel.: Dorothée Kreusch-Jacob

2. Kommt ein roter Morgen,
steh ich auf dem Kopf,
pack aus lauter Übermut
das große Glück beim Schopf.

Refr. Mancher Tag ist ...

3. Blaue Tage mag ich.
Dann mach ich, was ich will.
Schwimme durch das blaue Meer
wie ein Fisch so still.

Refr. Mancher Tag ist ...

4. Gelbgetupfte Tage
liebe ich so sehr,
trabe wie ein wildes Pferd
dem Lachen hinterher.

Refr. Mancher Tag ist ...

5. Kommt ein grauer Tag,
bin ich wild und laut!
Stampfe, schreie, wüte,
dass es jedem graut.

Refr. Mancher Tag ist ...

6. Grüngestreifte Tage
sind für mich ein Spaß!
Wie ein bunter Schmetterling
flieg ich übers Gras.

Refr. Mancher Tag ist ...

7. An rosaroten Tagen
fühl ich mich ganz warm.
Ich kuschle mich und drück mich
ganz fest in deinen Arm.

Refr. Mancher Tag ist ...

Zirkusbunte Luftballons

Material: Luftballons in allen Farben, Instrument: Becken

Bunte Ballons tanzen in der Luft. Sie werden mal mit den Fingerspitzen, mal mit der flachen Hand angestupst, aber auch mit Ellbogen, Schultern, Knien, den Zehen oder dem Kopf ... Kunststück, dass kein Ballon auf dem Boden landet! Dazu singen die Kinder den Refrain des Liedes.
Sobald die Erzieherin ein Klangzeichen mit dem Becken gibt, summen alle nur noch leise und lassen die Ballons still zum Boden schweben.

Sensomotorik, Freude an der Bewegung, Reaktionsvermögen, Förderung von Beweglichkeit und Gelenkigkeit, Koordination zwischen Gesang und Bewegung

Ich fühl mich rot!

Material: Krepp-Papierstreifen in mehreren Rot-Tönen, rotes, großes Tuch, z.B. Tischtuch, Laken, Vorhang

Kommt ein roter Morgen,
steh ich auf dem Kopf,
pack aus lauter Übermut
das große Glück beim Schopf.

In der Mitte des Kreises liegt ein rotes Tuch. Während die Kinder mit geschlossenen Augen dasitzen, geht die Erzieherin um den Kreis und raschelt mit einem roten Flatterband am Ohr jedes Kindes. Dann legt sie es auf seiner Schulter ab. Wenn alle Kinder die Augen geöffnet haben, kann das Spiel beginnen. Das große rote Tuch wird zum Zirkuszelt, unter dem die Kinder tanzen.

Nach wildem Tanz ein entspanntes Nachspiel im Farbenzelt, eingehüllt in Rot

Spiel S. 153

- Kopfstehen und lachen: Dieses »rote« Gefühl des Übermuts versuchen sie nun in Bewegungen auszudrücken. Purzelbaum-munter kugeln, sausen und hüpfen sie mit ihren roten Flatterbändern durch den Raum. Beim Refrain sammeln sie sich im Kreis um das rote Tuch, das nun wieder am Boden liegt. Während des Singens schwingen sie ihre Bänder hin und her.
- Zum Abschluss summen sie nur noch leise die Melodie. Währenddessen rollen sie ihre Bänder wieder auf und legen sie auf das rote Tuch in der Mitte zurück. Entspannt setzen oder legen sich die Kinder hin, um nach diesem wilden Spiel auszuruhen.

Auditive und taktile Wahrnehmung, Selbstwahrnehmung in der Bewegung, Lockerung von Hand und Arm beim Schwingen der Bänder, Sensomotorik, Wechsel zwischen intensiver Bewegung und Ruhephase

Ich fühl mich gelb!

Material: Gelbes großes Tuch, gelbe Kreise aus Filz für die Hälfte der Gruppe, Klanghölzer für die andere Hälfte

Gelbgetupfte Tage
liebe ich so sehr,
trabe wie ein wildes Pferd
dem Lachen hinterher.

In der Mitte liegt ein gelbes Tuch. Als kleine Pferde traben die Kinder um das Gelb und sprechen dazu rhythmisch den Liedvers. Am Ende des Verses bleiben alle stehen und wiehern. Dann klopfen sie leise flüsternd den Vers mit ihren Händen auf den Rücken eines anderen Pferdchens. Nach einem kurzen Wiehern traben sie weiter in der Gegenrichtung – ihrem »Lachen« hinterher. Dieses Spiel mit Sprache und Bewegung kann sich noch öfter wiederholen.

- Nun werden gelbe Filztupfen und Klanghölzer an die Kinder verteilt. Mit geschlossenen Augen fühlen sie, was die Erzieherin ihnen in die Hände legt. Dann werden die gelben Filzkreise am Pulli festgesteckt (oft »kleben« sie von allein).
- Die gelbgetupften Kinder verwandeln sich in gescheckte Pferdchen und traben durch den Raum. Die anderen klopfen mit ihren Klanghölzern den Sprechrhythmus der Strophe dazu. Rollenwechsel.
- Dieselbe Spielfolge wiederholt sich, während alle dazu singen.
- Zum abschließenden Refrain sucht sich jeder Musikant ein Pferdchen und schenkt ihm eines seiner beiden Klanghölzer. Paarweise klopfen nun die Kinder eine rhythmische Begleitung zum Lied.
- Franz Marc hat ein Bild gemalt, auf dem ein knallgelbes »Zitronenpferd« seine wilden Sprünge macht. Eine Betrachtung vermag das Erleben der Kinder zu vertiefen (siehe auch Seite 164).

Taktile Wahrnehmung, Verinnerlichen eines Liedtextes bzw. einer Liedmelodie durch Bewegung und Instrumentenspiel,
soziales Lernen: schenken und teilen, Freude am gemeinsamen Spiel

Ich fühl mich grau!

Material: Verschieden lange Pappröhren, Trommel, Spring Drum,
graues Papier oder Zeitungen

Kommt ein grauer Tag,
bin ich wild und laut!
Stampfe, schreie, wüte,
dass es jedem graut.

Aus Papier entstehen Raschelkostüme. Mit ihnen lässt es sich tanzen, knistern, flattern, reißen ... Dazu eine Musik aus dunklen Tönen und Klängen. Die Spring Drum mit ihren gewitterähnlichen, grollenden Klängen, die Trommel, deren Rhythmus in die Beine geht, und schließlich die Pappröhren, die durch Aneinanderschlagen nicht nur akustische Wirkung, sondern auch spielerisches Kämpfen ermöglichen. Los geht's! – Eine Strophe, in der es laut und wild zugehen kann. Das Vor- und Nachspiel wird mit Instrumenten und Körperklängen gestaltet.

- »Das ist zu laut für mich!« Die eigene Grenze zu finden und dies auch auszudrücken ist nicht immer leicht. Kinder, denen diese musikalische Aktion zu heftig ist, können dazu ermuntert werden, eine leisere Version eines »grauen Tages« zu erfinden. Wie könnte dieser klingen?

Ableiten von Spannungen und Aggressionen, Grobmotorik, Bewegungsphantasie, Rhythmusgefühl, die eigene Kraft spüren beim Trommeln – und sie in einem musikalischen Ablauf dosieren, Grenzen finden, wenn etwas zu laut, zu heftig ist

Ich fühl mich grün!

Material: Großes grünes Tuch oder Spannlaken, rote, blaue, und gelbe Chiffontücher

Grüngestreifte Tage
sind für mich ein Spaß!
Wie ein bunter Schmetterling
flieg ich übers Gras.

Ein grüner Wiesenhügel mitten im Raum! Darauf verstreut bunte Farbtupfer (Chiffontücher). Unter dem Tuch haben sich die Kinder versteckt. Sie summen leise die Melodie des Liedes. Ein Schmetterling flattert um den Hügel, dargestellt von einem Kind, das zwei farbige Chiffontücher wehen lässt. Immer wieder streichelt es über den Rücken eines Kindes und gibt ihm damit das Zeichen hervorzukommen. Dieses greift sich ein Tuch und fliegt mit. Gemeinsam singen sie nun die »grüne« Strophe.

- Das Spiel geht solange, bis alle Kinder sich in Schmetterlinge verwandelt haben und mit den bunten Chiffontüchern durch den Raum flattern. Aus dem grünen Hügel in der Mitte ist eine flache Wiese geworden.
- Beim anschließenden Refrain stehen alle Kinder im Kreis und lassen nacheinander ihre Tücher aufs grüne Tuch schweben.

Stimmerfahrung durch Summen und Singen, auditive und taktile Wahrnehmung, Sensomotorik, Lust an der Bewegung, Achtsamkeit und Konzentration

Ich fühl mich blau!

Material: Großes blaues Tuch, Ocean Drum oder Handtrommel mit Perlen bzw. Erbsen oder Murmeln

Blaue Tage mag ich.
Dann mach ich, was ich will.
Schwimme durch das blaue Meer
wie ein Fisch so still.

Fische im blauen Meer: Ein Teil der Kinder liegt am Boden. Über ihnen schwingen die anderen Kinder das große blaue Tuch. Sie bewegen es in sanften Wellen und streicheln damit immer wieder die Fische.

- Leises Meeresrauschen erfüllt den Raum. Die Meerestrommel schafft das täuschend echt! (Wo keine Ocean Drum zur Hand ist, können in Handtrommeln Holzperlen oder Erbsen zum Rollen gebracht werden.) Dazu summen alle Kinder die Melodie des Liedes.
- Wenn das blaue Tuch höhere Wellen wirft, richten sich auch die

Kann man das Blau des Meeres hören?

Ocean Drum und die Stimmen danach. Entsprechend verändern sich auch die Schwimmbewegungen der Fische. Ist das Meer leise und ruhig, liegen die Fische still und horchen. Anschließend Rollenwechsel.

Taktil-kinästhetische Wahrnehmung, Gehörtes in Bewegung umsetzen, Wechsel von Bewegungs- und Ruhephasen

Ich fühl mich rosa!

Material: Rosarote Tücher, z.B. Tischtücher oder Bettlaken

An rosaroten Tagen
fühl ich mich ganz warm.
Ich kuschle mich und drück mich
ganz fest in deinen Arm.

Eingehüllt in Rosa erleben sich die Kinder in einer durchscheinenden Höhle aus farbigen Tüchern. Je nach Größe haben zwei oder mehr Kinder darin Platz. Über Stühle oder Tische geworfen, sind diese Farbhöhlen Orte der Geborgenheit, in die sich Kinder zurückziehen können, wenn es zu laut wird. Eng aneinander gekuschelt horchen die Kinder hinaus, summen und singen – oder genießen die Stille.

- Farb-Zelte oder Tunnels in den Farben der einzelnen Liedstrophen lassen den Raum – oder den Garten – zu einer bunten Spielwiese werden, auf der Kinder vielfältige Erfahrungen machen können. Sie fühlen sich immer wieder von einer anderen Hülle umgeben: Farberlebnisse von einer hautnahen Intensität!

Ruhe, Entspannung und Nähe erleben, Wahrnehmung von Farben und Gefühlen, gemeinsam Farbräume und farbige Spiellandschaften gestalten

Ein Lieder-Bilderbuch malen

Jedes Kind sucht sich »seine« Lied-Strophe aus und malt, was ihm dazu einfällt. Da gibt es den Glitzerfisch im blauen Meer, das gelbe Pferd, den roten Zirkusclown ... all das, was im Lied vorkommt. Und noch viel mehr! – Hier fließen ganz persönliche Vorlieben mit ein, die weit über das Lied hinausgehen.

- Die Bilder werden am Boden ausgelegt. Ein Wander-Dirigent geht die Bilderwege entlang und zeigt auf einzelne Bilder. Jedes Mal erklingt die entsprechende Strophe.
- Anschließend werden alle Bilder zu einem Zickzack-Leporello geklebt und gefaltet. Ein Bilderbuch zum Anschauen und Aufstellen entsteht.

In Verbindung mit ästhetischem Gestalten gemeinsam eine Klangpartitur erstellen, als Dirigent die Initiative übernehmen, handwerkliche Fertigkeiten entwickeln (Leporello)

Abschluss

Aus allen farbigen Materialien (Bänder/Tücher/Papierstreifen ...) dieser Spielabfolge legen die Kinder einen großen Regenbogen. Dazu summen alle immer wieder den Refrain des Farben-Liedes.

Kreatives Gestalten in der Gruppe, Entspannung und Ruhe, Stimmerfahrung durch Summen und Tönen

EINBLICKE IN DIE WELT DER KUNST

»Gemälde sind eine in den Augen empfundene Musik.«

Paul Cézanne

Klänge sehen

Material: Bild von Paul Klee (1879-1940) »Nördlicher Ort«, 1923 - Aquarell; dazu Wachsmalkreiden, Wasserfarben, Pinsel, Papier, verschiedene Instrumente

Paul Klee war ein berühmter Maler – und er machte auch Musik. Viele seiner wunderbaren Bilder sind mit musikalischen Titeln überschrieben, z.B. »Arabische Melodie« oder »Lied des Spottvogels«. Seine Bilder »klingen« in den verschiedensten Farben. – Die Kinder betrachten das Bild, das aus vielen farbigen und dicht aneinander gefügten Quadraten besteht. Dabei entdecken und benennen sie alle Farben, die er verwendet hat.

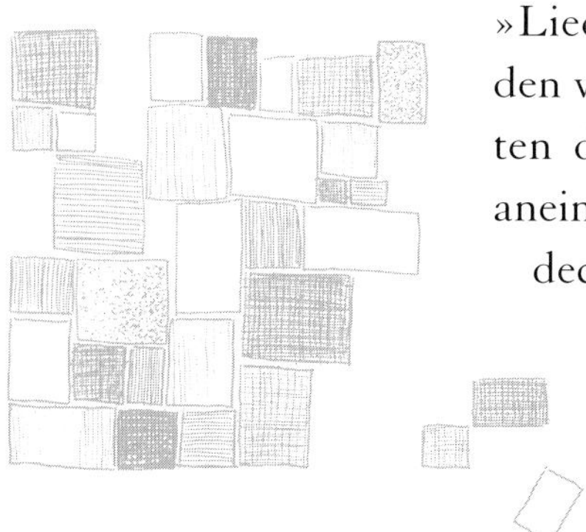

Können Farben klingen wie Lieder oder Instrumente? Wie klingt ein Blau, ein Rot, ein Gelb?

Auf dem Tisch sind die Malutensilien vorbereitet, getrennt in Rot-, Gelb-, Grün-, Blau-Töne. Jedes Kind sucht sich »seine« Lieblingsfarbe und malt zunächst mit Wachsmalkreiden und dann darüber in derselben Farbe mit Wasserfarben. Dabei entstehen leuchtende monochrome Bilder mit Farbschattierungen in jeweils einer bestimmten Farbe.

Kinder malen monochrome Bilder, die sie später in Klänge »übersetzen«

- Die Bilder können zu einem einzigen großen Bild zusammengelegt (und später geklebt) werden. Nun sieht es dem Bild von Paul Klee ganz ähnlich.
- Wie ein großer Farbteppich liegt das Gruppenbild vor den Kindern. Gemeinsam suchen sie nach Klängen, die zu den einzelnen Farben passen.
- Ein Dirigent zeigt mit einem Stöckchen auf die Bilder – und nacheinander erklingen die (Farb-)Töne. Manche vermischen sich auch ...

Natürlich will jedes Kind einmal Dirigent sein. Je nachdem, welche Reihenfolge es wählt, klingt das Bild immer wieder anders.

Kennenlernen und bewusstes Wahrnehmen eines Kunstwerks, Informationen über den Künstler, Grundverständnis für Farben entwickeln, Farben mischen, gemeinsames Gestalten eines Bildes, Farben mit Klängen in Verbindung bringen, Phantasie und Kreativität entwickeln, Ablauf eines Musikstücks gestalten, als Dirigent die Initiative übernehmen

Zitronenpferd und Feuerochse

Material: Tier-Bilder von Franz Marc (1880–1916), 1913; dazu Scheren, Kleber, Transparentpapier, Farben, Blätter, buntes Tonpapier

Die Tierdarstellungen von Franz Marc sprechen Kinder ganz spontan an. Seine blauen und grünen Pferde, die roten Rehe und gelben Kühe sprechen eine leuchtend bunte Seelensprache. Er malte, »wie sich der Wald oder das Pferd selbst fühlen«. Die mit ihm befreundete Schriftstellerin Else Lasker-Schüler nannte ihn einmal einen Maler, der »die Tiere noch reden hörte«.

Die Umrisse einer Tierdarstellung werden auf Transparentpapier übertragen und ihre Umrisse vergrößert auf weißes Papier kopiert. Nun kann jedes Kind sein Tier auf seine Weise gestalten. Entweder bekommt das Zitronenpferd lauter gelbe Tupfen aufgemalt oder ein Fell ausgerissenen Papierfetzchen geklebt. Der Feuerochse freut sich über ein feuerrotes Streifen-, Herbstblätter-

oder Buchstabengewand. Wie wollen die Rehe, die Kühe oder der Tiger geschmückt werden?
Wenn dann die bunten Tiere in der Mitte des Raumes liegen oder an die Wand gepinnt sind, erklingen noch einmal die passenden »gelben« und »roten« Strophen aus dem Lied. Es darf getanzt werden!

Kennenlernen und bewusstes Wahrnehmen eines Kunstwerks, Ausdruckskraft von Farben erleben, kreatives Verändern innerhalb einer vorgegebenen Form, Experimentieren mit verschiedenen Materialien und Farben, eigenes Gestalten, die Bilder und Ausdrucksformen anderer achten und wertschätzen

Musik hören – Bilder sehen

Material: Musik: Modest Mussorgski (1839–1881) »Bilder einer Ausstellung«; dazu Wachsmalkreiden, Papier

Schon die Titel der Stücke aus Mussorgskis Klavierzyklus weisen darauf hin, was Ohren bei dieser Musik »sehen« können. Die »Bilder einer Ausstellung« aus dem Jahr 1874 sind musikalische Illustrationen zu einer Reihe von Zeichnungen eines Freundes des Komponisten.
Da bewegt sich ein Zwerglein tapsig auf seinen krummen Beinchen, ein altes Schloss taucht auf, vor dem ein Sänger sein Lied singt, Kinder spielen und streiten im Park, Küken tanzen in den Eierschalen, bevor sie ausschlüpfen ...

In diese Musik aufmerksam hineinzuhorchen weckt märchenhafte Bilder in unserer Phantasie. Und diese wollen natürlich auch wieder aufs Papier!
Hier ergeben sich Gesprächsimpulse wie von selbst. Welche Musik

spricht die Kinder besonders an? Warum? An was erinnert sie? Welches Bild taucht auf?

So entsteht eine ganz eigene »Ausstellung« von Kinderbildern, die noch lange an dieses Musikerlebnis erinnert.

Aktives Hören von Musik, innere Vorstellung entwickeln,
Gehörtes findet in Bildern seinen Ausdruck, eigene Ausdrucksformen entdecken und darüber kommunizieren, die persönlichen Ausdrucksformen anderer kennen und schätzen lernen

Ich kann trommeln

Rhythmus – eine musikalische Ursprache

Am Anfang war der Rhythmus. Und Rhythmus ist die musikalische Ursprache, mit der wir aufgewachsen sind: der Puls des Lebens. Schon vor unserer Geburt hat sich uns der Herzschlag der Mutter eingeprägt.

In der Musik Afrikas spielt die Trommel als Rhythmusinstrument eine zentrale Rolle. Dort gehören Musik und Tanz ganz selbstverständlich zum Leben. Afrika wirkt durch seine Fremd- und Andersartigkeit auf Kinder faszinierend. Deshalb bietet es sich an, Kindern die Trommel nicht nur als musikpädagogisches »Arbeitswerkzeug« nahezubringen, sondern den Kreis weiter zu ziehen. Dazu gehören Gespräche, Informationen und Einblicke in die Kultur dieses Landes: ob Bilder oder Märchen und Geschichten, ob Spracheinblicke in Form von Liedern, ob das Selberbasteln von Trommeln und Klangspielzeug, wie es für afrikanische Kinder selbstverständlich ist, oder das Herstellen von Naturfarben, um Klangbilder u.Ä. zu malen. Auch typisches Essen oder die Einladung eines Trommlers, der mit den Kindern musiziert und von der Musik seines Landes erzählt, könnten dazugehören. Auf diese Weise entwickeln sich Projekte zu Festen, die schon für die Kleinsten zum Erlebnis werden.

Instrumente für das Trommel-/Afrika-Projekt

Trommeln aller Art: Allen voran die Djembe, die mit den Händen bespielt wird. Es gibt auch kleine Kinderdjemben, die große für Erwachsene kann auf den Boden gelegt werden; die Kinder setzen sich drauf. Geeignet sind natürlich auch alle anderen Arten von Trommeln: Handtrommeln, Tamburine, kleine Bongos, Selbstbautrommeln und klingendes Material (Schachteln, Kartons, Dosen). Sie werden mit den *Händen* gespielt.

Blumentopf-Trommel: Als Trommelfell können Luftballons, Fensterleder oder Pergamentpapier verwendet werden

Rhythmusinstrumente: Fußrasseln zum Tanzen, Klappergürtel aus Bambusstäben, Kokosnussschalen oder Steine zum Aneinanderschlagen

Melodie-Instrumente: Xylophon (oder das afrikanische Balafon) sowie Kalimba (Daumenklavier)

Trommeln sind laute Instrumente. Kinder spielen sie mit Begeisterung und die Angst vor einem lärmenden Chaos ist meist bei Erwachsenen groß. Deswegen gilt es Spiele anzubieten, die die kindliche Spiellust erhalten, ihrer Experimentierfreude Raum geben und gleichzeitig Struktur und musikalische Gestaltung zulassen. Gelingt dies, dann können rhythmische Trommelspiele vielfältige Prozesse in Gang setzen. Bewegungen wie schlagen, schütteln, trommeln fordern Grob- wie auch Feinmotorik heraus, sorgen für ein entspanntes Körpergefühl und leiten Spannungen und Aggression ab. Zudem bringt das Wechselspiel mit beiden Händen das Gehirn in Bewegung und sorgt für die Aktivierung und Balance beider Gehirnhälften. Und schließlich wirken Flow-Gefühle, ausgelöst durch begeisterte Spielfreude, ordnend und ganzheitlich auf Bewusstsein und Gehirntätigkeit. Trommeln, Tanzen und Tönen bedeutet für Kinder Ausdruck von Lebensfreude.

De ne go: Afrikanisches Begrüßungslied

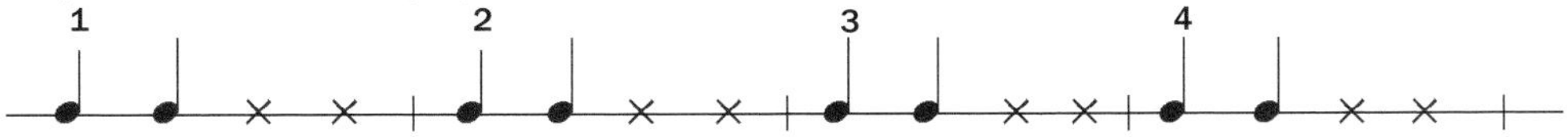

In dieses afrikanische Begrüßungslied in der Malinke-Sprache lassen sich die Namen der Kinder einsetzen. Es wird nach den Grundprinzipien afrikanischer Musik vermittelt:

- *Im Kreis:* Dieser symbolisiert den Dorfplatz. Seine runde Form vermittelt Kindern das Gefühl dazuzugehören und singend Gemeinsamkeit zu erleben.
- *Mit dem Körper:* durch Singen, Klatschen, Patschen, Stampfen
- *Wechselgesang (call and response):* Dem Ruf eines Einzelnen antworten alle im Kreis. Oder alle anderen singen und ein einzelnes Kind antwortet. – Auf diese Weise erklingt für jedes Kind zweimal das Lied mit seinem Namen. Einmal ruft es die Erzieherin in die Runde, bei der Wiederholung singen alle Kinder mit und klatschen dazu.

Jede Begrüßung wird durch den lauten Ruf beendet: »Killing – fulla – saba – nani« – so lauten die afrikanischen Namen für die Zahlen 1-2-3-4. Auch hier folgt jeder einzelne Ruf (Zahl) dem »call and response«-Prinzip. Dazu zeigen die Kinder die einzelnen Zahlen mit ihren Händen auf. Die Pausen zwischen jedem Wort werden mit einem rhythmischen Klatschen gefüllt (2-mal).

In welcher Sprache lässt sich dieses rhythmische Zähl- und Klatsch-Spiel noch zum Klingen bringen? Vielleicht auf italienisch: »uno, due, tre ...«, auf französich: »un, deux, trois ...«

Kennenlernen musikalischer Traditionen Afrikas, Erlernen eines afrikanischen Kinderlieds, Merkfähigkeit für fremde Sprachklänge, Freude am gemeinsamen Singen und Spielen, Verbindung von Singen und Bewegung, Sensomotorik (Klanggesten), rhythmisches Erlernen von Zahlen in fremden Sprachen

Den Raum »wachtrommeln«

Material: Xylophon-Klangbausteine »c« und »g«

Alle Trommler haben sich auf dem Dorfplatz im Kreis versammelt. Kinder in Afrika sind begeisterte Trommler. Sie machen sich oft die Trommeln selbst oder trommeln auf allem, was klingt: auf Töpfen, Flaschen, leeren Dosen, Kürbissen ...

- Wo lässt es sich im Raum trommeln? Wie können wir ihn wachtrommeln? Die Kinder machen sich auf die Suche. Ihre Hände bespielen die Stühle, die Tische, die Tür, den Boden, den Schrank, die Heizung, den Papierkorb, den Ball ...
- Nach einem Klangzeichen auf den Xylophon-Klangbausteinen lassen die Kinder der Reihe nach ihre »Trommeln« erklingen. – Danach spielen alle mit dem Xylophon einen gemeinsamen Schluss. Wie lange dieses Spiel ausfällt, hängt von der Begeisterung der Kinder ab.
- Nun schließen alle Trommelkinder die Augen. Die Erzieherin nimmt das afrikanische Begrüßungslied wieder auf und ruft sie beim Namen: »De ne go, de ne go Nina je.« Das angesprochene Kind antwortet auf seiner »Trommel« und singt dazu: »Wai wai de ne go.« Die anderen horchen aufmerksam, woher kam die Antwort?

Wie viele Hände können auf einer Trommel spielen? Spiel S. 172

Beim Refrain »Killing – fulla – saba – nani« trommeln alle gemeinsam mit. Dann geht das Spiel weiter.

Experimentieren mit Klängen, Sensomotorik, Richtungshören, Konzentration, soziales Miteinander im Wechselspiel zwischen einzelnem Kind und der Gruppe

Namen trommeln – Rhythmus spüren

Nun suchen sich die Trommelkinder einen Freund und gehen zu einem »Trommelplatz« (Tisch, Boden, Stuhl) im Raum. Beide stehen oder sitzen hintereinander. Das vordere Kind hat die »Trommel« vor sich, seine Augen sind geschlossen. Das hintere Kind trommelt auf den Rücken des vorderen Kindes einen Namen (eines Kindes aus der Gruppe). Das vordere Kind spielt, was es gerade gespürt hat, auf seiner »Trommel« nach. Welcher Name war es? Nach einiger Zeit werden die Rollen getauscht.

Taktile und auditive Wahrnehmung, Sensomotorik, Aufmerksamkeit und Konzentration

Die Trommel »wecken«

Material: Handtrommel oder Tamburin

Die Trommel »schläft«. Sie klingt noch nicht. Dafür dürfen sie viele kleine Hände befühlen. Passen alle Kinderhände auf das kreisrunde Fell?
Nun schließen die Kinder die Augen, während die Trommel von Kind zu Kind wandert. Sie wird von den einzelnen Kindern betastet und befühlt, sei es mit zarten Fingerspitzen, mit der flachen

Hand oder mit dem Handrücken. Es ist ganz still im Raum. Jedes Kind übt sich im Warten, bis die Trommel zu ihm kommt. Ein kurzer Vers kann zu diesem Spiel hinführen:

Meine Hände fühlen still,
was mir die Trommel flüstern will.

Nun wird die Trommel »geweckt« und zum Klingen gebracht. Während sie wieder von Kind zu Kind weitergegeben wird, entdecken neugierige Hände und Ohren, wie viele verschiedene Töne sich auf der Trommel zaubern lassen – je nachdem, wie sie bespielt wird: mit der flachen Hand, mit der Faust, mit den Fingerspitzen, ob gewischt oder gekratzt ... Auch der Rand klingt, wenn man mit den Knöcheln daran klopft.

Taktiles, auditives Kennenlernen und Wahrnehmen des Instruments, Experimentierphase, Grob- und Feinmotorik, soziales Lernen, sich im Warten üben, bis jeder an der Reihe ist

»Wir fangen jetzt zu trommeln an!«

Material: Trommeln aller Art: Tamburine, Handtrommeln, Kinderdjemben, Selbstbautrommeln, Kartons ...

Sprechen und spielen werden bei folgenden Vers miteinander verbunden. Er ist eine Einladung, die die kindliche Lust aufgreift, »auf die Pauke zu hauen«, zugleich aber auch mit dem Kontrast spielt: mit dem Leisen und der »Pause«, d.h. dem gemeinsamen Innehalten und Stillwerden. Darüber hinaus gibt er mutigen Trommlern die Chance, einen Rhythmus selbst zu erfinden und die Rolle des Solisten oder Dirigenten zu spielen. – Am Ende des Verses übernimmt ein anderer Trommler diese Rolle mit dem Ruf: »Wir fangen jetzt zu trommeln an!«

Tipp: Den einzelnen Aufforderungen zum Spiel individuell Zeit geben! (laut, leise, Stille, Trommelwirbel ...)

Wir fangen jetzt zu trommeln an	
und jeder spielt so gut er kann.	alle gemeinsam
Mal laut ...	lautes Trommeln
Mal leis ...	leises Trommeln mit den Fingerspitzen
Mal sind wir still!	Hände hoch! – In die Stille horchen
Die Hände trommeln, wie ich will.	Trommelwirbel
Jetzt bin ich dran – spiel ganz	
allein!	ein Kind spielt im Puls des Verses
Und jetzt kommst du:	es nickt einem anderen Kind zu
Wir sind zu zwei'n!	beide trommeln
Wer hat den Mut und macht	das erste Kind nickt einem weiteren
noch mit?	Kind zu
Schau her, jetzt sind wir schon	
zu dritt!	drei spielen
Und jetzt spielst du ... und du ...	immer mehr Trommler kommen
und du ...	ins Spiel
Nun spielen alle, horcht mal zu!	

Dorothée Kreusch-Jacob

Motorische Kompetenz, Sprachkompetenz durch Sprechen und Spielen, Körperbewusstsein, soziale Kompetenz

Bongos aus Pappröhren

Wassertrommel: Eine kleine Schüssel schwimmt obenauf. Wird sie während des Trommelns im Wasser bewegt, beginnt sie zu »sprechen«

Trommeltanz

Material: Trommel, Rassel, zwei Kokosnusshälften bzw. ein Paar Klanghölzer, Xylophonklangbaustein, Gong oder Becken

Trommeln haben oft klangvolle Namen, je nachdem aus welchem Teil der Welt sie kommen. Man kann sie »beim Wort nehmen« und rhythmisch die Silben sprechen und trommeln. Man kann sich aber auch vom Sprachrhythmus inspirieren lassen und jedes Wort in verschiedene Bewegungen übersetzen:

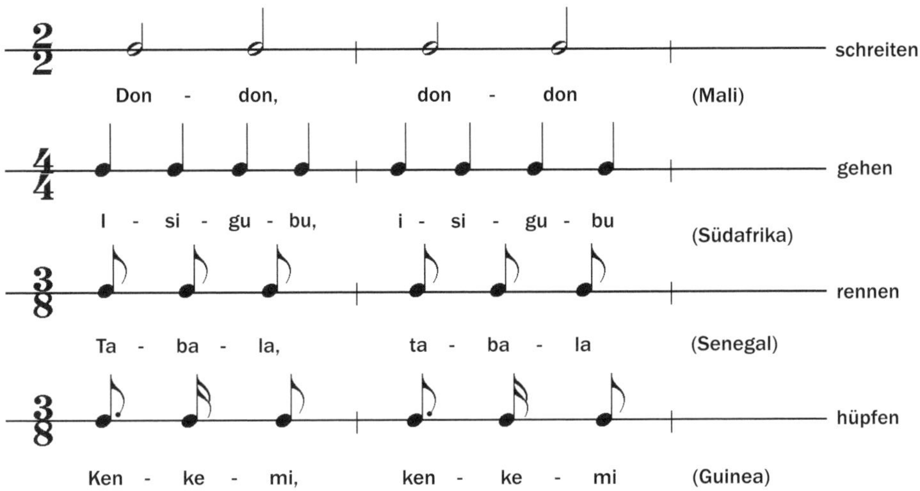

Die Trommel gibt das Tempo an, während die Kinder sich bewegen und dazu die Silben sprechen.

- Welche Tiere passen zu diesen Bewegungsarten? Vielleicht Zebra, Giraffe, Affe, Elefant …
- Später geben auch andere Instrumente Bewegungsimpulse. Sie passen in ihrem Klang zur afrikanischen Trommel und werden von einzelnen Kindern gespielt: Gong oder Becken = schreiten, Trommel = gehen, Rassel = rennen, Kokosnussschalen = hüpfen. Ein Kind gibt als Dirigent die Einsätze zum Spiel, indem es die Instrumentalisten zart antippt.

- Nun teilt sich die große Gruppe in kleine Bewegungsgruppen auf. Je nachdem, welches Instrument erklingt, bewegt sich die Gruppe zu den Klängen und singt dazu ihre Wortsilben. Ein Dirigent gibt den Instrumentalisten durch Berührung Zeichen.
- Manchmal spielen sogar zwei Instrumente oder mehr – umso mehr Bewegung entsteht im Raum. Rollenwechsel.

Körperbewusstsein, Umsetzen von Klang in Bewegung, Raumwahrnehmung, Grobmotorik, Sensomotorik, interaktives Spiel, Sprachförderung (gleichzeitiges Sprechen der Silben in Verbindung mit Bewegung)

Regenzeit: Eine Fingergeschichte

Material: Trommel, Tamburin, Dose oder Pappschachtel

Diese Geschichte kann zuerst auf dem Körper gespielt werden. Dabei erfahren die Kinder weiche, zarte sowie kräftigere Berührungen auf der Haut. Sie erleben schnellere und langsamere rhythmische Bewegungsspuren.
Anschließend spielen die Kinder das Gedicht selbst, entweder auf dem Fußboden, dem Tisch, einer Schachtel oder auf einer Trommel. Je nach der Größe der Trommel setzen sich mehrere Kinder rund um das Instrument und spielen gleichzeitig.

Zehn kleine Raben hocken im Baum,	Hände sind aufgestützt
gucken zu den Wolken.	Handflächen »schauen« nach oben
Horch!	beide Hände hinter die Ohren
Ein leichter Wind ...	über das Trommelfell wischen

Horch! – die ersten Tropfen	mit den Fingerkuppen klopfen
fallen auf das Blätterdach.	feine Bewegungen mit den Fingernägeln
Horch! – Es regnet, es regnet	mit den Knöcheln am Trommelrand klopfen
Horch! – Der Wind wird stärker!	über das Fell reiben und kratzen
Horch! – Er heult und pfeift.	Stimmgeräusche
Horch! – Es schüttet, es gießt,	gleichmäßiges Trommeln mit beiden Händen
es hagelt.	lauter werden
Horch! – Ein Donner! Ein Blitz! Donnerwetter! ... Blitzdonnerwetter! Ganz allmählich lässt	ein paar »Donnerschläge« dazwischen
der Regen nach.	allmählich leiser werden
Horch! – Der Wind wird leiser.	leises Wischen
Noch ein paar Regentropfen.	mit den Knöcheln auf dem Trommelrand
Zehn kleine Raben hocken	
im Baum.	Hände hinter die Ohren und lauschen
Jetzt ist es wieder ganz still!	Finger auf den Mund – horchen!

Dorothée Kreusch-Jacob

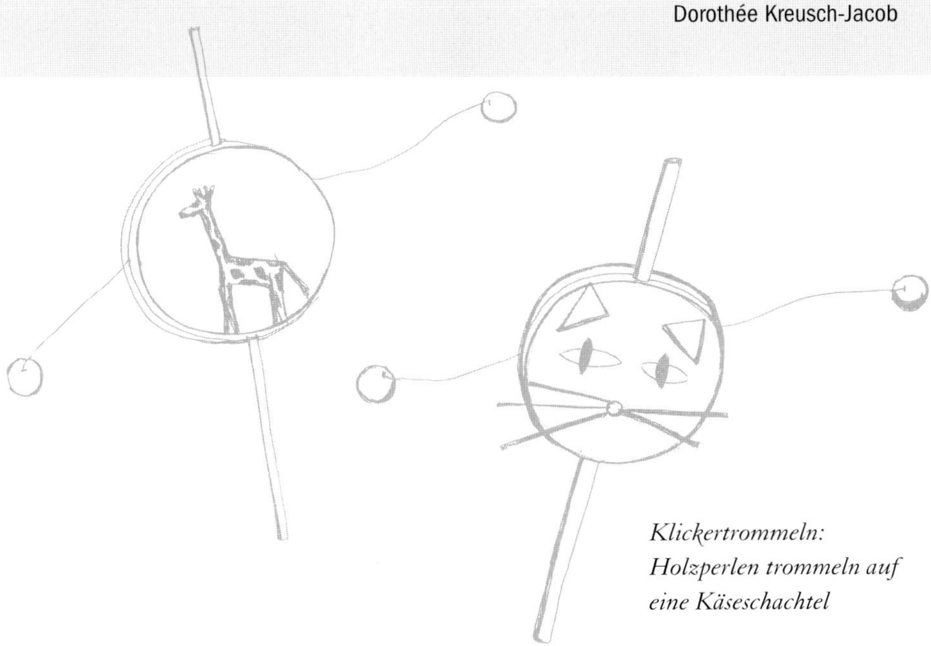

Klickertrommeln: Holzperlen trommeln auf eine Käseschachtel

Trommellied

Text/Mel.: Dorothée Kreusch-Jacob

2. *Ich kann trommeln.*
Ich kann trommeln.
Horch, jetzt klingt es wie ein Pferd!
Und jetzt klingt es wie die Maus!
Ich kann trommeln.
Ich kann trommeln.
Mal ganz leise – mal ganz laut.

3. *Ich kann trommeln.*
Ich kann trommeln.
Horch, so klingen Regentropfen.
Und so klingt der Wind.
Ich kann trommeln.
Ich kann trommeln.
Mein Hände sind geschickt und geschwind.

4. *Ich kann trommeln.*
Ich kann trommeln.
Und ich fliege auf der Trommel
in das Land der Musik.
Ich kann trommeln.
Ich kann trommeln.
Unser Rhythmus, der geht ab! –
Spiel doch mit!

Ich kann trommeln!

Material: Boomwhackers oder eine Pappröhre

»Ich kann trommeln …« Wie eine Geheimbotschaft wird der Anfang des Liedes als Flüsterpost durch eine Pappröhre von Ohr zu Ohr weitergegeben. Dazu spielen die Fingerspitzen zart den Sprechrhythmus.

»Ich kann trommeln …« Weil ich selbst eine Trommel bin! Nun spielen alle auf ihrer »Knie-Trommel« den Anfangsrhythmus. Auch der Rücken eines anderen Kindes eignet sich dazu. Und warum nicht den ganzen Körper als Trommel bespielen? Kopf, Schultern, Arme und Hände, Bauch und Po, Beine und Füße. Mal runter, mal hoch: *body percussion*! Das tut gut und lockert den ganzen Körper.
»Ich kann trommeln …« und wenn es auf dem Fußboden, auf dem Tisch oder der Sitzfläche des Stuhles ist. Einmal langsam – einmal schnell, dann laut – und wieder ganz leise.
»Ich kann trommeln!« Nun hat sich der Refrain bereits den Kindern eingeprägt. Im Wechselgesang wird die ganze Strophe gesungen und gespielt. Die Erzieherin und die Kinder singen abwechselnd, wobei die Kinder immer den Refrain übernehmen.

Experimentierfreude, auditive, taktile Wahrnehmung, Grob- und Feinmotorik, rhythmisches Gefühl, Differenzierung zwischen lauten und leisen Tönen, Körperwahrnehmng, Merkfähigkeit

»Spielzeug«-Trommel

Material: Tamburin (ohne Stellschrauben), dazu kleiner Ball, Murmel, Kreisel o.Ä.

Hoppla! – Sie dreht sich … die Trommel ist ein Kreisel. Ein Tamburin (ohne seitliche Schrauben) wird gedreht. Alle horchen und schauen, bis die Trommel still am Boden liegt.
Hoppla! – Sie rollt davon … von einem zum andern. Und jeder darf mal drehen, wenn sie bei ihm angekommen ist.
Hoppla! – Da hüpft ein Ball, trippelt ein Aufziehfrosch, tanzt eine Murmel, dreht sich ein Kreisel auf dem Trommelfell! Falls Ball, Frosch, Murmel oder Kreisel mehr Platz brauchen, können sie mit viel Geschick von anderen Trommeln aufgefangen werden. So lässt sich der Klang noch verlängern.

Hoppla! – Da saust eine Murmel! Wer die Trommel umdreht, kann eine Murmel darin kreisen lassen. Ein endlos langer Ton! Die Kinder geben die Trommel weiter, ohne dass die Murmel zur Ruhe kommt und der Ton unterbrochen wird.
Hoppla! – Ich bin das Meer! Viele kleine Holzperlen, Erbsen oder Murmeln werden in die umgedrehte Trommel geschüttet. Wenn sie hin- und herrollen, klingt das wie Wind und Meeresrauschen! – Jeweils zwei Kinder bewegen die Meerestrommel. Dies erfordert achtsame Bewegungen und behutsames Sich-aufeinander-Einspielen.
Hoppla! – Eine Kugelbahn! Sie wird aus mehreren Trommeln und Xylophonen oder anderen Instrumenten gebaut. So kann eine Murmel oder ein Tischtennisbällchen seinen klingenden Weg finden. Und neugierige Ohren horchen gespannt zu.

Sensomotorik, Feinmotorik, visuelle und auditive Wahrnehmung, Reaktionsvermögen, Kreativität, soziales Miteinander

Eine Trommel wandert!

Material: Eine Handtrommel für je zwei Kinder

Führen und Folgen: Zwei Kinder spielen auf einer einzigen Trommel. Ein Kind hält sie, das andere spielt mit beiden Händen darauf. Nach einer Einspielzeit bewegt sich die Trommel, aber die Hände des Spielers »wandern« mit! Mal etwas höher, mal tiefer, mal zur Seite ...
Vorsichtig setzen sich nun beide Spieler in Bewegung. Wohin die Trommel auch geht, die Hände des spielenden Kindes folgen ihr. So entsteht ein sehr langsamer Tanz. Nach einiger Zeit wechseln die Rollen. Wer geführt hatte, darf nun spielend der Trommel folgen.

Auge-Hand-Koordination, Sensomotorik, Reaktionsvermögen, Sich-aufeinander-Einstimmen, Führen und Folgen

Karawane

Material: Xylophon-Klangbausteine, Klanghölzer, Triangel, Kokosnussschalen, Rührtrommel, Becken

Nicht nur Handtrommeln, auch andere Instrumente können paarweise gespielt werden. Die Kinder spielen sich zunächst im Stehen ausgiebig aufeinander ein. Die Hände versuchen den langsamen Bewegungen des Instruments zu folgen, ohne dass der »Klang-Faden« abreißt (Partnerwechsel).
Nun setzt sich die Erzieherin in Bewegung und gibt mit ihrer Trommel einen langsamen Gehrhythmus an, nach dem sich alle Instrumente richten. Ein Paar nach dem anderen reiht sich hinter ihr ein. Bald zieht eine klingende Karawane durch den Raum. Durch jedes hinzugekommene Instrument entsteht eine neue Mischung von Klangfarben.

Auge-Hand-Koordination, Sensomotorik, Konzentration, soziales Lernen durch achtsames Auf-den-anderen-Eingehen beim gemeinsamen Führen und Folgen

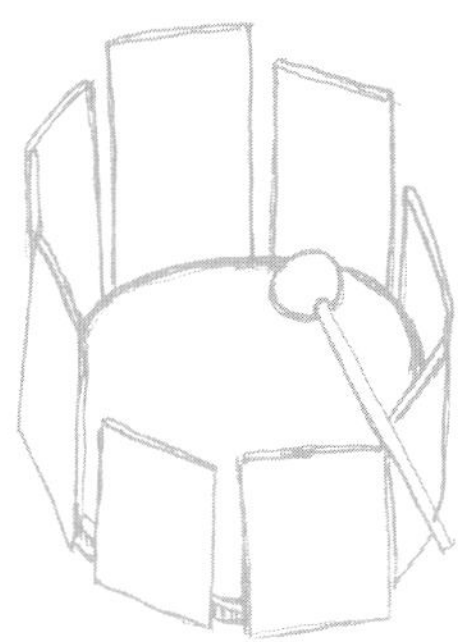

Rührtrommel: Verschieden lange Holzplättchen ergeben hohe und tiefe Töne

Boomwhackers: gestimmte Percussionsröhren, die sich auch zur Trommel umfunktionieren lassen

Farbige Röhrentrommeln

Material: Boomwhackers, Luftballons, Schere, Gummi

Die bunten Boomwhackers können auch mal in Röhrentrommeln verwandelt werden. Dazu wird von einem Luftballon in der gleichen Farbe das Blasteil abgeschnitten. Dann die Haut des Ballons als Trommelfell straff über die Röhre spannen. Mit einem Gummi oder doppelt klebendem Klebeband befestigen. Zart mit den Fingerspitzen bespielen. Es klingt wirklich gut! – Je nach Länge der Röhre entstehen immer wieder andere Töne.

- Wer die Röhrentrommeln dicht ans Ohr hält und sie mit den Fingern bespielt, erlebt den Rhythmus hautnah. Die verschiedenen

Boomwhackers wandern nun reihum von Ohr zu Ohr. Jedes Kind probiert seinen eigenen Rhythmus aus und nimmt die unterschiedlichen Tonhöhen wahr.

- Nun halten die Kinder die Röhren vors Auge. Da Luftballon und Röhre die gleiche Farbe haben, taucht das Auge in ein intensives Rot, Blau, Grün oder Gelb ein. Intuitiv erleben die Kinder die subtilen Wirkungen von Klängen und Farben, denn Farben sind Schwingungen, wie die Töne auch.

Feinmotorik, Wahrnehmen von akustischen und visuellen Reizen, Erfinden von Rhythmen, intuitives Erfassen von Schwingungen, sei es in Farbe oder Klang

Achtung Aufnahme!

Material: Verschiedene Trommeln (auch selbst gebaut), Rekorder

Wie klingt unsere Trommelmusik? Mit einem Rekorder nehmen die Kinder ihre eigene Trommelmusik auf. Sie erlernen dabei, wie man dieses Gerät bedient und welche Knöpfe man drücken muss.

- Ob sich die einzelnen Trommler wiedererkennen, wenn die Aufnahme abläuft?
- Weckt dieses Wiedererkennen Freude, Überraschung, Enttäuschung?

Hier können sich Gesprächsimpulse innerhalb der Gruppe ergeben.

Rhythmische Improvisation, Freude am gemeinsamen Spiel, Umgang mit technischen Medien, Heraushören und Erkennen einzelner Instrumente bzw. des eigenen Spiels, Sprachkompetenz, Fähigkeit, eigene Gedanken und Gefühle auszudrücken, Dialogfähigkeit

Ein afrikanischer Trommler zu Besuch

Material: Trommeln aller Art

Trommeln ist eine Kunst – und viele afrikanische Kinder lernen sie schon früh kennen. Sie erleben Rhythmus bereits im Bauch ihrer Mutter, die noch bis kurz vor der Geburt tanzt, dann später als Babys festgebunden auf dem Rücken der Mutter, geschaukelt von der Arbeit auf dem Feld oder beim Stampfen des Getreides. Bei den Festen der Großen sind sie früh mit dabei, wo sie singen, tanzen und bald schon versuchen mitzutrommeln.
Vielleicht ist es möglich, einen afrikanischen Trommler einzuladen. Er kann von seiner Trommel erzählen, erklären, wie und aus was sie gebaut ist. Sicher lässt er neugierige Kinderhände über das Trommelfell hinwegstreichen, die Schnitzereien des Holzkörpers befühlen, Kindernasen schnuppern ...
Und natürlich darf mitgetrommelt werden. Dabei erleben die Kinder, dass es nicht nur einen Ton auf der Trommel gibt. Am Rand und in der Mitte klingen die Töne ganz verschieden – mal hoch, mal tief.

Heranführen an fremde Musikkulturen, Konzentration, aktives Hören, Information über das Instrument, Experimentieren und Entdecken von Spielmöglichkeiten, interaktives Spiel

Der Trommelmann

Material: Mehrere Handtrommeln, Schnur

Der Komponist Maurizio Kagel hat ein Stück geschrieben, in dem ein »Trommelmann« über die Bühne tanzt. Dieser ist ganz mit Trommeln behängt. Sie verdecken sogar sein Gesicht, so dass er nicht sehen, nur hören kann. Er geht langsam, wie ein Blinder, mit unsicheren und kurzen Schrittchen. Vorsichtig dreht er sich wie ein Kreisel. Fünf Trommler begleiten ihn und treiben ihr Spiel. Sie trommeln auf ihm herum mit Stäben, Schlägeln, Besen ...

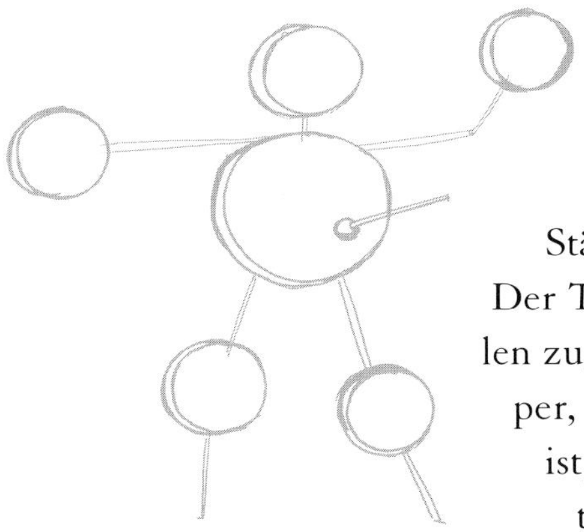

Der Trommelmann hört auf vielen Trommelfellen zugleich. Er spürt jeden Schlag auf dem Körper, auf der Haut. Spürt, ob er hart oder weich ist, ob die Spieler mit ihm sprechen oder streiten, ihn necken oder beruhigen ...

Auch Kinder können eine solche Szene in Klang und Bewegung umsetzen. Zwei Trommeln vorne und hinten umgehängt, lassen sich von den anderen Kindern bespielen. Dabei achten diese darauf, dass sie dem Trommelmann nicht durch zu laute Klänge weh tun.

Kinder finden die Idee meist spannend, sich Instrumente wie ein Kostüm anzuziehen.

- Klackergürtel: durchlöcherte Bambusstäbe werden an einer Schnur wie ein Gürtel um die Taille gebunden
- Rasselbänder: für Arm- und Fußgelenke
- Eine Trommel auf dem Kopf regt dazu an, vorsichtig und langsam wie der Trommelmann zu gehen, damit sie nicht herunterfällt.

**Kennenlernen eines zeitgenössischen Komponisten,
Anregung zur szenischen Umsetzung durch Klänge bzw. Instrumente,
Klangphantasie und kreatives Gestalten in der Gruppe,
Experimentierfreude, soziales Lernen (aufeinander hören und eingehen im gemeinsamen Spiel)**

Ich bin in meinem Element!

Feuer, Wasser, Erde und Luft musikalisch erfahren

Die Elemente Feuer, Wasser, Erde, Luft sind die Basis des Lebens auf unserer Erde. Sie sind auch im Leben der Kinder von großer Bedeutung. Überall in der Natur lässt sich das Wirken der Elemente beobachten, in den Jahreszeiten, den Himmelsrichtungen, im Wetter, in Pflanzen und Tieren. Viele Kulturen der Welt verstehen die Elemente als vitale Wandlungskräfte, als Urkräfte, die uns in ihrem Zusammenspiel die Möglichkeit geben, unsere eigene Lebenskraft zu spüren und uns in ein harmonisches Gleichgewicht zu bringen.

Das nebenstehende Lied greift dieses Thema musikalisch auf. Sein Text knüpft an ein Naturverständnis an, das uns vor allem aus indianischen Weisheiten bekannt ist: die tiefe Verbundenheit mit Vater Himmel, Mutter Erde, Bruder Wasser, Schwester Luft. Jede Strophe stellt ein Element in den Mittelpunkt. Im Refrain werden alle zusammengefasst: ein Hinweis, dass auch in der Natur und im Leben immer alle Elemente zusammenspielen und -wirken.

Feuer, Wasser, Erde, Wind

Text/Mel.: Dorothée Kreusch-Jacob

2. Meine Mutter ist die Erde,
ich bin ein Erdenkind.
Ich wieg mich mit den Gräsern
und singe mit dem Wind.

Refr. Ich wieg mich ...
Feuer, Wasser, Erde, Wind ...

3. Mein Bruder ist der Regen,
ich bin ein Wasserkind.
Ich tanze mit den Tropfen
und spiele mit dem Wind.

Refr. Ich tanze ...
Feuer, Wasser, Erde, Wind ...

4. Meine Schwester ist die Flamme,
ich bin ein Feuerkind.
Ich sprühe tausend Funken
und knistere im Wind.

Refr. Ich sprühe ...
Feuer, Wasser, Erde, Wind ...

Gesprächs-Impuls

Die vier Elemente haben elementare Bedeutung für uns Menschen. Wer lebt in welchem Element: Tiere, Pflanzen ...?
Wie erleben die Kinder die einzelnen Elemente? Was wissen sie über sie? Wie und wo lassen sie sich besonders genau beobachten, riechen hören, sehen, fühlen? Welche Farben sind mit den Elementen verbunden? Was ist mein Lieblingselement?
Auch für erste naturwissenschaftliche Experimente ist Raum. Sie wecken das Interesse und fordern den kleinen Forscher im Kind heraus. Was schwimmt alles im Wasser – was versinkt? Was braucht die Kerze, um zu brennen? Was lässt sich mit der Lupe in einem kleinen Häufchen Erde beobachten?

Sprachliche Kommunikation, Fähigkeit anderen zuzuhören, Experimentieren, Beobachten und Erforschen

Auftakt: Mit Bewegung ins Thema springen!

Material: Jaulschlauch

Der Klang-Zauberer herrscht über Feuer, Wasser, Erde und Wind. Er steht mit seinem Zauberstab (Jaulschlauch) in der Mitte des Raumes und lässt ihn kreisen. Dabei entstehen singende, jaulende, pfeifende Geräusche (Obertöne).
Die Kinder stehen im Raum verteilt. Sobald der Zauberklang erklingt und der Zauberer ein Element beim Namen ruft, reagiert die Gruppe mit Bewegungen, die sie sich vorher ausgedacht hat, z.B.:

- »Feuer!«: in die äußerste Ecke des Raumes rennen
- »Wasser!«: sich auf die Stühle retten
- »Erde!«: eng zusammengeduckt am Boden kauern
- »Wind!«: sich durch den Raum bewegen und die Arme »wehen« lassen

Bewegung im Raum, Reagieren innerhalb der Gruppe, Beachten von Regeln im Spiel, Schnelligkeit

Mein Element!

Ob Wasser, Erde, Feuer oder Luft – jedes Kind folgt seinen Vorlieben. Es singt den Anfang des Liedes:
Ich bin die Katharina und bin ein Wasserkind …
Wie bewegen sich Wasserkinder? Wie Tropfen, die vom Himmel fallen (feinmotorische Finger- und Handbewegungen)? Oder wie Kinder, die sich beim Baden am Meer nass spritzen (grobmotorische, ausholende Bewegungen mit den Armen)? Wie Kinder, die von Pfütze zu Pfütze hüpfen? Wie Fische im Wasser?
Ich bin der kleine Moritz und bin ein Himmelskind …
Wie bewegen sich die Luftkinder? Wie Vögel, die sich im Wind treiben lassen? Verwandeln sie sich in einen wilden Sturm oder schweben sie wie ein zarter Frühlingshauch durch den Raum?
Ich bin der Alexander und bin ein Feuerkind …
Welche Bewegungen passen zu einem Feuerkind? Flackern wie eine Kerze? Sprühende Funken? Züngelnde Flammen? Feuerspucker, Flammengeist oder Funkenkobold?
Ich bin die Hatice und bin ein Erdenkind …
Welche Bewegungen passen zu einem Erdenkind? Langsames Gehen? Lautes Stampfen? Erde spüren und tasten? Gräser im Wind? Ein verwurzelter Baum? Schnecke, Regenwurm, Igel oder Maulwurf …?

- Jedes Kind stellt sich in Bewegungen vor – die anderen ahmen gemeinsam die Bewegungen nach und antworten singend: »Du bist die … und bist ein Wasserkind.«
- Schließlich singen alle zusammen den Refrain »Feuer, Wasser, Erde, Wind«. Dazu bewegt sich jedes Kind in den typischen Bewegungen seines Elements frei im Raum.

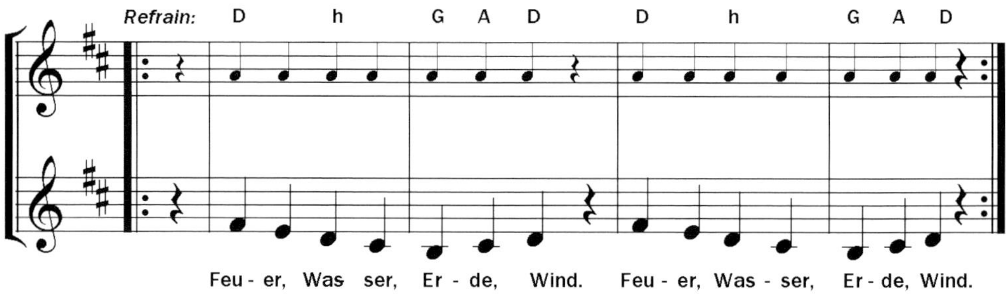

Bewegungsphantasie, Experimentieren, Wechsel von grob- und feinmotorischen Bewegungen, Mut zum eigenen Ausdruck (solo), Freude am gemeinsamen Spiel (tutti), Verbindung von Singen und Bewegung

Zauberklänge

Material: Spring Drum, Becken, Regenholz, Ocean Drum, Glockenspiel, Rasseln, Trommel, Jaulschlauch, Vogelpfeifchen, dies alles unter einem Tuch in der Mitte des Raumes verborgen

Der Klangzauberer hat unter einem Tuch etwas Geheimnisvolles versteckt. Es sind Instrumente, mit denen sich die Elemente musikalisch gestalten lassen. Die Kinder teilen sich in einzelne kleine Gruppen auf, die die Elemente darstellen.
Nachdem sich jede Elementegruppe auf eine bestimmte Form der gemeinsamen Bewegung geeinigt hat, erscheint der Klangzauberer. Geheimnisvoll zieht er das Tuch weg und die Instrumente werden sichtbar. Welcher Zauberklang passt zu welchem Element?

- Feuer: Spring Drum, knisternde Folie
- Wasser: Regenholz, Ocean Drum, übers Glockenspiel streichen
- Erde: Trommel, Vogelpfeifchen, Rasseln
- Wind: über das Fell einer Trommel wischen, einen Jaulschlauch kreisen lassen

Nun holt sich der Klangzauberer ein paar Zauberlehrlinge, die die Zauberklänge spielen sollen. Er blinzelt vier Kindern zu, diese suchen sich ein Instrument aus und das Spiel kann beginnen. Sobald das entsprechende Instrument erklingt, bewegt sich die Gruppe des dazugehörigen Elements. Der Klangzauberer dirigiert das Spiel. Jedes Mal, wenn er einen seiner Zauberlehrlinge berührt, beginnt dieser zu spielen – und die entsprechenden Elemente tanzen dazu.

Klangphantasie, Sensomotorik, taktile, auditive, kinästhetische Wahrnehmung, interaktives Spiel

In den folgenden Spielen greifen die Kinder die einzelnen Elemente in Bewegungsspielen und kreativem Gestalten auf, jeweils in Verbindung mit einem Sprechvers.

Das himmlische Kind!

Material: Weiße oder hellblaue Chiffontücher

»Der Wind, der Wind, das himmlische Kind!«: Mit federleichten Tüchern lässt es sich gut jonglieren. Abwechselnd werden sie in die Luft geworfen. Die Augen schauen ihnen nach. Mit dem Kopf werden sie wieder aufgefangen. Beim Hindurchschauen sieht die Welt ganz anders aus!
Anschließend versuchen die Kinder ihr Tuch mit einem anderen Teil ihres Körpers aufzufangen. Dazu wird der Vers gesprochen:

Ich werfe mein Tuch in den Himmel hinauf.
Und schwebt es herunter, dann fang ich es auf.

Experimentierfreude, visuelle, taktile, kinästhetische Wahrnehmung, Bewegungskoordination, Sensomotorik, Verbindung von Sprache und Bewegung

Kleine Lufttänzerin

Material: Weißes Chiffontuch, Bindfaden

Aus einem duftigen Chiffontuch ist schnell eine Tanzmarionette gemacht. Kopf und Arme werden mit einem Bindfaden abgebunden. Nun kann sie in der Luft schweben, sich drehen und mit jedem Lufthauch tanzen. Ob sie noch andere Lufttänzer findet?

Ich kann auf Wolken gehen,
bin nur ein zarter Hauch.
Kann in der Luft mich drehen,
komm, schwebe auch!

Während die Kinder den Vers sprechen, bewegen sie sich mit ihrer Lufttänzerin durch den Raum. Bei »Komm, schwebe auch!« suchen sie sich einen Freund.

Phantasie und Kreativität, Experimentierfreude, Bewegungskoordination, Feinmotorik, interaktives Spiel, Verbindung von Sprache und Bewegung

Regenmaler

Material: Papier zum Malen, Wasserfarben, Pinsel, Instrument: Trommel

Ich male mir ein Regenbild,
da draußen bläst der Wind.
Die Tropfen fallen auf mein Blatt,
ich fang sie ein geschwind!

Regnet es draußen? Dann horchen die Kinder eine Weile den Tropfen zu – erst bei geschlossenem Fenster, wie sie an die Scheiben, aufs

Fensterbrett klopfen. Wie klingt der Regen bei offenem Fenster? Hier entdecken die Ohren noch mehr Klangfarben ...
Dann bemalen die Kinder ihr Blatt mit bunten Farben. Anschließend fangen sie die Regentropfen mit ihrem Blatt ein. Nun »malen« die Regentropfen weiter. Und so entsteht aus zusammenfließenden Farben ein ganz besonderes Regenbild.

Experimentierfreude, auditive und visuelle Wahrnehmung, Phantasie und Kreativität, Ausdrucksfähigkeit

Feuervogel

Material: Roter Stoffrest, Geschenkbänder in verschiedenen Rot- und Gold-Tönen, Zeitungspapier, Glöckchen

Ein quadratischer roter Stoffrest umhüllt einen Ball aus zerknülltem Zeitungspapier. Darin versteckt sich ein Glöckchen. Dann wird er mit Geschenkbändern zugebunden. Diese sollten so lang sein, dass ein Flatterschweif entsteht.
Nun lässt sich der Feuervogel in der Luft bewegen. Er fliegt in Kurven und Kreisen, flattert hoch und nieder, glitzert und glänzt in allen Feuerfarben! Und wer gute Ohren hat, hört das Glöckchen in seinem Bauch klingen ...
Wer weiß, vielleicht reißt er sich auch los und sucht die Freiheit?

Ich bin ein Feuervogel,
so rot und funkenhell!
Ich sause hoch und nieder
und bin raketenschnell.

Motorische Koordination, auditive, visuelle, kinästhetische Wahrnehmung, Umgang mit Material, Bewegungslust, Emotion

Erde fühlen

Barfuß fühlen Füße mehr. Sie spüren die Erde, Steine und Moos. Sie fühlen, ob die Erde kühl und feucht ist oder warm und trocken. Sie fühlen Raues, Weiches, Glitschiges, Glattes ... Zehen beginnen zu »sehen«.

Barfuß gehn – mit den Zehen sehn,
Erde fühlen – Steine spüren
und auf leisen Sohlen in die Stille gehen.

Zu zweit spielen die Kinder das Barfuß-Spiel. Während das eine die Augen geschlossen hat, wird es vom anderen behutsam geführt. Beide gehen so langsam, dass dem Spüren und Fühlen mit den Füßen genügend Zeit gegeben wird. Dazu summt das führende Kind leise die Melodie des Liedes.

- Variation: Beim nächsten Mal lässt sich das Kind nur durch das Summen führen. Nun sind nicht nur die Füße, sondern auch die Ohren wach! Anschließend Rollenwechsel.

Bewusstes Gehen, Körpergefühl, auditive und taktile Wahrnehmung, Konzentration, Wechsel von Führen und Folgen, Vertrauen in sich selbst, Verantwortung für den anderen

Bändertanz

Material: Krepp-Papierbänder in Farben, die zu den Elementen Feuer, Wasser, Erde, Wind passen, z.B. verschiedene Blau- und Grüntöne, Braun, Rot, Orange, Weiß; Jaulschlauch

Nachdem sich die Kinder spielend auf verschiedene Weise mit den Elementen vertraut gemacht haben, gestalten sie das ganze Lied mit all seinen Strophen in einem bewegten Bändertanz.

Verteilen der Bänder: Der Klangzauberer fordert die Kinder auf, die Augen zu schließen. Er geht von Kind zu Kind und lässt am Ohr ein Band rascheln, ehe er es am Körper ablegt. Auf ein Klangzeichen mit dem Zauberstab (Jaulschlauch) geht es los:
Die grünen und braunen Streifen stellen die Erdenkinder dar, die weißen und hellblauen gehören zu den Luftkindern, die roten und orangefarbigen passen zum Feuerelement und die blauen und grünen zum Wasser.
Experimentieren mit den Flatterbändern: Welche Bewegungen rufen die Bänder bei den Kindern hervor? Welche Figuren lassen sich in die Luft malen? Wie lassen sich damit die verschiedenen Elemente ausdrücken? Dieses Ausprobieren hat seine Zeit.
Zusammenfinden der Elementegruppen: Während sie den Refrain singen, gehen alle Kinder ihre Streifen schwingend und kreisend durch den Raum. Am Ende des Refrains, der mehrmals wiederholt wird, finden sich die einzelnen Farbgruppen zusammen.
Einzelne Strophen tanzen und singen: Alle Kinder stehen im Kreis. In der Mitte tanzen die einzelnen Elementekinder mit ihren Streifen.

- *Die Himmelskinder* lassen sich in den Lüften treiben und ziehen flatternd ihre Bänder hinter sich her.
- *Die Erdenkinder* wiegen sich wie Gräser.
- *Die Wasserkinder* hüpfen wie tanzende Regentropfen.
- *Die Feuerkinder* hüpfen und lassen mit schnellen Bewegungen ihre Bänder knistern.

Beim Refrain »Feuer, Wasser, Erde, Wind« lassen alle zusammen die bunten Bänder flattern und bewegen sich frei im Raum. Der Refrain wird so oft wiederholt, wie die Bewegungslust anhält!

Auditive, visuelle, taktile, kinästhetische Wahrnehmung, Experimentieren, Improvisieren mit Material und verschiedenen Bewegungsformen, Raumerfahrung, Bewegungsphantasie, Reaktionsfähigkeit, Beachten von Regeln, musikalische Ausdrucksfähigkeit

Nach diesem bewegten Tanz brauchen die Kinder eine Ruhephase, in der sich Atem und Puls beruhigen können und in der das Lied aus- und nachklingt. Dies kann in einer Phase der Stille geschehen, auf Kissen oder Decken, in einer Höhle aus farbigen Tüchern. Geben Sie den Kindern und sich selbst diese ruhige Zeit, um den inneren Rhythmus zu entdecken und wahrzunehmen.
Auch das Hören einer ruhigen Musik kann nach bewegungsintensiven Spielen besonders wohltuend sein. Alle Sinne sind wach, die Ohren bereit zum aufmerksamen Hören.

Wechsel von Bewegung und Ruhe, Körperbewusstsein, Entdecken des inneren Rhythmus

EINBLICKE IN DIE WELT DER KUNST

Musik hören und tanzen

Musik: Johann Pachelbel (1653–1706) »Kanon«

Hören

Erst horchen sich die Kinder in die Musik hinein. Auf den Hinweis der Erzieherin verfolgen sie die verschiedenen Stimmen des Kanons. Wenn möglich, können die ruhigen auf- und absteigenden Tonfolgen mit der Hand in die Luft »gemalt« werden. Hier klingt zudem die Melodie des Refrains »Feuer, Wasser, Erde, Wind« an. Leise versuchen die Kinder mitzusummen. Die ständige Wiederkehr, allerdings in verschiedenen Instrumentalstimmen, regt spontan dazu an.

Bewusstes Hören, Wahrnehmen und Heraushören von Tonfolgen, Sensomotorik, Wiedergeben von Tonbewegungen mit der Stimme, Konzentration, Kennenlernen eines klassischen Musikstücks

Gehen, Spüren, Balancieren

Material: Märchenwolle in verschiedenen Farben

Jedes Kind bekommt ein Wolleflöckchen aus Märchenwolle auf die Handfläche gelegt in den Farben des Feuers, des Wassers, der Erde und der Luft. Nun hören nicht nur die Ohren, sondern auch die Füße. Sie hören noch besser, wenn sie barfuß sind! Zu der ruhigen Musik gehen die Kinder langsam schreitend, den Boden spürend und das Wollflöckchen balancierend durch den Raum. Ein spielerischer Weg, in innere Balance und Entspannung zu kommen.

Steigerung der Wahrnehmungsfähigkeit durch Entspannungs- und Ruhephase, bewusstes Gehen, Spüren und Wahrnehmen mit Händen und Füßen, auditive, taktile, visuelle, kinästhetische Wahrnehmung, Konzentration, Gleichgewicht und innere Balance

Abschluss

Material: Märchenwolle, Tanzbänder, Seil

Noch einmal erklingt Pachelbels Musik. Nun legen die Kinder aus der Märchenwolle und aus den bunten Tanzbändern ein Bild der vier Elemente. Eine runde Form, aus einem Seil gelegt, gibt dem Fußbodenbild die Form eines großen Mandalas.
Falls die Musik von Pachelbel nicht vorhanden ist, summen die Kinder leise die Melodie des Liedes.

Konzentration, aktives Hören, gemeinsames kreatives Gestalten

Wilde Kerle – starke Mädchen!

Energiebaustelle Musik

Wilde Kerle gibt es in jeder Gruppe, genauso wie wilde Mädchen. Aus der Haut fahren, wütend sein, auf die Pauke hauen, streiten, rangeln, toben, laut sein, sich ausprobieren ... auch ein braves Kind möchte ab und zu »wer anders« sein.
Musik kann emotionale Spielräume des Ausdrucks öffnen, auch und gerade dann, wenn es um das Thema Gefühle, Konflikte und deren Lösungsmöglichkeiten geht. Das Lied »Ich möchte mal wer anders sein« bildet einen phantasievollen Rahmen dafür. Hier ist Raum für Bewegungslust und spielerisches Kräftemessen. Das dynamische Spiel auf Instrumenten und mit der eigenen Stimme schafft emotionale Ausdrucksmöglichkeiten. Ob Ritter Wunnimampf, Löwe Grausedich oder Riese Zappelfraß, Kinder lieben es, sich in geheimnisvolle, wilde und gefährliche Wesen zu verwandeln.
Die folgende Sequenz eignet sich sowohl für ein turbulentes Faschings- oder Geburtstagsfest wie auch für die szenische Darstellung des Liedes. Aber auch im ganz normalen Kindergartenalltag bietet dieses Stundenbild (oder einzelne Spiele daraus) die Möglichkeit, emotionales Konfliktpotenzial durch Tanzen, Trommeln und Singen aufzugreifen und gleichzeitig auch mit entspannenden und konzentrativen Yogaübungen innere Ruhe und Ausgeglichenheit zu schaffen.

Auftakt: Ein Bilderbuch betrachten

Material: »Wo die wilden Kerle wohnen« von Maurice Sendak

Max nervt, ist laut und wild. Seine Mutter schickt ihn ins Bett, ohne Essen, damit der »wilde Kerl« vernünftig wird. Max schlüpft in eine Wolfsmaske und träumt sich auf die Insel der wilden Kerle ... Gemeinsam erfinden die Kinder, wie die Geschichte weitergehen könnte.

Sprachliche Förderung durch dialogorientierte Bilderbuchbetrachtung, Textverständnis, sprachliche Aktivierung der Kinder als Erzähler und Erfinder einer neuen Geschichte, Literacy

Gesprächs-Impuls

Möchtet ihr auch ab und zu wilde Kerle sein? Wie fühlt ihr euch dann?
Wie sieht ein wilder Kerl aus? ... Was hat er an? ... Wie klingt seine Stimme? Wie reagieren andere, wenn ihr wilde Kerle seid? Was sagen die Freunde, die Geschwister, die Eltern ...?
Gibt es »Inseln«, wo wilde Kerle richtig wild sein dürfen, ohne dass sie stören?
Warum bin ich manchmal wütend?
Gibt es Streitereien, die immer wiederkehren innerhalb der Gruppe? – Gibt es dicke Freundschaften? Wie fühle ich mich, wenn ich mit jemand streite oder kämpfe? Wie fühle ich mich, wenn ich der Schwächere in einem Streit bin? – Wie kann ich mich schützen?
Auch wilde Kerle und streitlustige Mädchen beachten Grenzen und Regeln. Wie könnten solche Regeln bei Tobe- und Rauf-Spielen aussehen? (z.B.: auf andere Kinder achten/nicht wehtun/nicht schubsen/nicht treten/Zeichen verabreden für Aufhören und Loslassen)

Anregung zum Gespräch in der Gruppe, Mut, die eigenen Gefühle, Bedürfnisse und Meinungen zum Ausdruck zu bringen, Ursachen für Gefühle und Konflikte erfassen, nach Strategien und Regeln für Konfliktlösungen suchen

Ich möchte mal wer anderes sein

Text: Nortrud Boge-Erli/Mel.: Dorothée Kreusch-Jacob

2. Ich bin der Löwe Grausedich
und blecke meine Zähne
und schüttle meine Mähne
und fauche fürchterlich!
Chua-chua-chua-chuuuuua!

Refrain (S. 206)

3. Ich bin der Ritter Wunnimampf
und steige auf mein Pferd
und fuchtel mit dem Schwert
und trabe in den Kampf!
Heio-heiooooo!

Refrain

4. Ich bin der Panther Schleichesacht
und hab ein schwarzes Fell.
Ich springe hoch und schnell
und schleiche durch die Nacht.
Chhhr-chhhr-chhr!

Refrain

5. Ich bin der Riese Zappelfraß
und schlucke Erdbeereis,
auch Cola kübelweis.
Platzt mir der Bauch? Ach was!
Haha-ha-haaaaa!

Refrain

Der wilde Cowboy Schlenkerbein!

6. Ich bin der Cowboy Schlenkerbein
   und werf mein Lasso rund
   und brüll mit meinem Mund,
   fang achtundachtzig Stiere ein.
   Ho-ho-ho-hoooo!

   Refrain

Text/Mel.: Dorothée Kreusch-Jacob

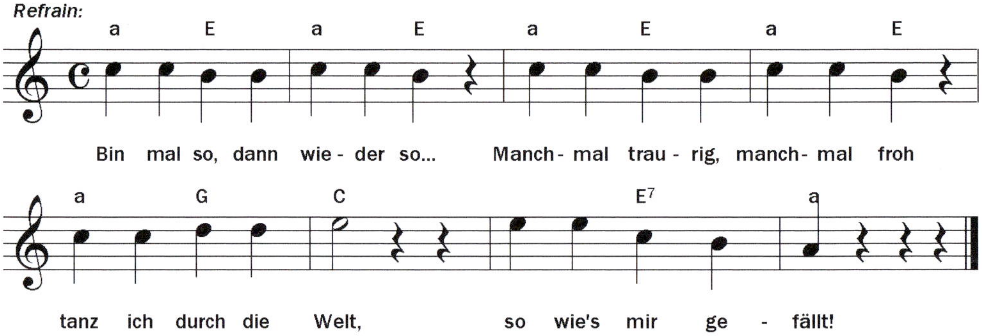

Wer bin ich und wer möchte ich heute sein?

Sich schminken – sich ein»stimmen«

Material: Creme, evtl. Schminkfarben

»Ich möchte mal wer anders sein« ... Wer in eine andere Haut schlüpfen will, braucht ein anderes Gesicht. Auch ohne Schminke kann sich das Gesicht verändern.
Als hätten sie Farbe an den Händen, malen die Kinder ihr neues Gesicht. Kreisende Bewegungen (mit Creme »läuft« es besser!) auf den Wangen, auf den Schläfen, am Kinn ... Dann noch die Augen, die Nase, den Mund. Die Kinder lassen sich viel Zeit dazu. Und stellen sich immer vor, welche Farbe zu welchem Teil des Gesichts passt.

Dazu kann die Melodie des Liedes gesummt werden. Dabei entdecken die Kinder all die kleinen und größeren Klangräume hinter den Augen, der Nase, der Stirn. Durch die kreisenden Bewegungen und die Vibration, die durch das Summen ausgelöst wird, lockert sich das ganze Gesicht. Belastendes kann losgelassen werden. In einem entspannten Gesicht klingt unsere Stimme noch einmal so schön

Dieses Spiel kann auch als Partnerübung durchgeführt werden. Das verlangt Vertrauen, Behutsamkeit und gegenseitigen Respekt.

Anschließend schminken sich die Kinder »echt«. Sie verwandeln sich vor einem Spiegel in die Figur, die sie aus dem Lied am meisten anspricht.

Bewusstes Erleben und Kennenlernen des eigenen Körpers (Gesicht), Entspannung, Erleben der eigenen Stimme und körpereigenen Klangräume, intuitives Erfassen der Liedmelodie

Das Spiegelspiel

Die Kinder teilen sich in Paare auf. Das eine Kind stellt eine Figur aus dem Lied dar. Das andere spielt den »Spiegel« und soll erraten, wer das Gegenüber ist.

- Zunächst soll nur das Gesicht sprechen. Durch Mimik und Grimassen lässt sich das Gesicht immer neu verwandeln. Bei dieser Gesichtsgymnastik werden die Gesichtsmuskeln bewegt und gelockert. Dies dient nicht nur dem eigenen Ausdruck, sondern auch der Stimmbildung.
- Nun sprechen die Hände (Gesten). Fuchteln sie mit dem Schwert oder werfen sie ein Lasso, sind es die Krallen des Löwen Grausedich oder die Samtpfoten des schwarzen Panthers?

Mut zum eigenen Ausdruck, Lockerung der Gesichtsmuskeln, Stimmbildung, Reaktionsvermögen

Wilde Kerle

Material: Trommel, kleiner Gong

Die wilden Kerle wohnen auf der Zauberinsel. Unbeweglich und knorrig wie Bäume stehen sie da und warten, bis sie zum Leben erweckt werden. Nur die Zaubertrommel kann sie lebendig machen.

Wenn sie erklingt, kommt Leben in ihre Glieder. Sie recken und strecken sich, beginnen sich zu bewegen, wilde Grimassen zu schneiden, zu stampfen und schließlich zu tanzen.

Kaum verstummt die Zaubertrommel, stehen sie wieder unbeweglich wie Bäume da. Mehrmaliger Wechsel zwischen Bewegen und Erstarren.

- Ein Kind geht mit dem Gong durch die Zauberinsel. Nachdem der Gong erklingt, berührt es einen wilden Kerl und lässt ihn mit einem Körperteil am Boden anwachsen. Nun sehen die wilden Kerle ganz bizarr aus!

Auditive, taktile Wahrnehmung, Sensomotorik, Reaktionsvermögen, Kontraste in Mimik, Gestik und Bewegung ausdrücken, Wechselspiel: Bewegen und Erstarren

Wie klingt die Wut, wie klingt der Mut ...?

Material: Trommeln, Rasseln, Klangstäbe und andere Instrumente zum Schlagen, Schütteln, Ratschen, Klappern ...

Bei einem Stamm der Maoris in Neuseeland galt folgender Brauch: Streit wurde musikalisch ausgetragen. Die Streithähne mussten singen statt schreien oder schimpfen. Die Partei, die »am schönsten« beleidigen konnte, hatte gewonnen.

Die Kinder versuchen ihre Gefühle auf Instrumenten auszudrücken. Wie klingt es, wenn ich wild und streitlustig, wütend oder mutig, ausgelassen oder traurig bin?

Gefühle mitteilen, ihnen sprachlichen und musikalischen Ausdruck und Klang verleihen

Der dunkle Tunnel

Material: Tücher in allen Farben

Die Kinder bauen gemeinsam aus Tüchern oder Tischen und Stühlen ein Tunnel. Eines nach dem anderen kriecht in das Dunkel hinein. Sobald es am anderen Ende auftaucht, verwandelt es sich in ein Phantasiewesen aus dem Lied.
Wie bewegt es sich? Welche Sprache spricht es? Wie klingt sein Lied?

Psychomotorik, elementare Bewegungsgrundform: Kriechen, Krabbeln, Bewegungsphantasie, Kooperation durch gemeinsames Bauen in der Gruppe

Löwenfamilie

Material: Spring Drum, Jaulschlauch oder Gong

Ich bin der Löwe Grausedich
und blecke meine Zähne
und schüttle meine Mähne
und fauche fürchterlich!
Chua-chua-chua-chuuuuua!

Einmal wilder Löwe sein! Und die Zähne blecken, die Mähne schütteln und fauchen und brüllen ... Sobald der dunkle Klang der Spring Drum (oder des Gongs) erklingt, verwandeln sich alle Kinder in Löwen. Da gibt es kleine Löwen, die verspielt und tollpatschig um die Löwenmutter herumtollen, aber auch den Löwenvater, der am lautesten brüllt und gefährlich aussieht.
Dazwischen erklingt immer wieder die Löwenstrophe des Liedes. Dieses Bewegungsspiel braucht ausgiebig Zeit. Anschließend, wenn sich die Löwen müdegetollt und gekämpft haben, ruhen sie sich aus und kuscheln sich zusammen.

Freude an der gemeinsamen Bewegung, Bewegung als spielerische Kommunikationsform erleben, Entspannung als Ausgleich zur intensiven Bewegung

Yoga-Übung »Löwe«

Alle Kinder hocken im Fersensitz auf dem Boden und spielen Löwen. Während sie ausatmen, neigt sich der Körper etwas nach vorne. Dabei reißt der Löwe Augen und Mund auf, so weit es geht. Er streckt die Zunge heraus und brüllt. Seine Hände sind rechts und links vom Kopf wie Krallen gespreizt.

Körperbewusstsein und -gefühl entwickeln, Steigerung des körperlichen Wohlbefindens, emotionaler Ausgleich

Eine heiße Blechmusik (Klanggeschichte)

Material: Trommeln, Becken, Spring Drum, Klanghölzer oder Kokosnussschalen, dazu Klangmaterial: Dosen, Kuchenblech, Töpfe, Löffel, Schneebesen

Ich bin der Ritter Wunnimampf
und steige auf mein Pferd
und fuchtel mit dem Schwert
und trabe in den Kampf!
Heio-heiooooo!

Wenn Ritter Wunnimampf in den Kampf trabt, ist das weithin zu hören. Seine rostige Rüstung klappert und die Scharniere quietschen.
Stoff genug, um gemeinsam eine Klanggeschichte zu entwickeln. Diese kann entweder in allen Einzelheiten ausgeformt werden oder als atmosphärisches Vorspiel für die Strophe des Liedes (siehe S. 205) eingesetzt werden.
Gegenüber einige Tipps zur Gestaltung.

Wie geht die Geschichte wohl aus? Wer wird gewinnen?
Wie lässt sich Kampf mit musikalischen Mitteln darstellen?

Klangphantasie, Sprachförderung, soziales Lernen durch gemeinsames Gestalten der Klanggeschichte, Differenzierung des musikalischen Ausdrucks (laut, leise, langsam, schnell)

Ritter Wunnimampf reitet über die hölzerne Zugbrücke.

Klanghölzer, Kokosnussschalen

Man hört das Getrappel der Pferde und das Klirren und Scheppern der alten rostigen Rüstung.

Dosen und Töpfe ...

Ritter Wunnimampf ist nicht allein ... Es folgen ihm noch andere Ritter.

Getrappel und Blechmusik werden lauter

Man hört ihren Kampfruf: »Heioheiooooh!«
Es geht über Stock und Stein – immer schneller in den Wald hinein.

schneller werden

Dort wohnt der Drache Feuerfauch.
Wo er wohl zu finden ist? – Die Ritter halten an und horchen ...

Stille ...

Da – ein dumpfes Grollen, erst leise ...

Spring Drum mehrmals schütteln

Dann kommt es näher – es ist der Feuerdrache!

langer Trommelwirbel, Spring Drum

Feuerfauch spuckt Feuer und faucht.

lautes Fauchen

Ritter Wunnimampf hat keine Angst.
Er schreit den Kampfruf: »Heio – heiooooh!«

Blechgetöse ...

Und los geht der Kampf!

Da fliegen Klang-Funken! Spielen, kämpfen, tanzen mit den bunten Percussionsröhren

Klingender Stab-Kampf

Material: Boomwhackers (oder Pappröhren)

Wenn Ritter Wunnimampf mit seinem Schwert fuchtelt, fliegen die Klang-Funken! – Ritter Wunnimampf hat zwei Boomwhacker-Röhren in den Händen. Mit diesen tanzt er den Schwertertanz. Er lässt sie in der Luft kreisen, haut sie auf den Boden. Und er kämpft mit sich selbst, indem er Fußsohlen, Beine, Arme und den ganzen Körper beklopft und bespielt. Sind die Boomwhackers auf die Töne »a« und »e« gestimmt, passen sie als rhythmische Begleitung genau zum Lied.

Schließlich übergibt er eines seiner Schwerter an einen anderen Ritter und kämpft mit ihm. Dabei kommt es auf Wendigkeit, Geschicklichkeit und Schnelligkeit an. Ehrensache, dass Ritter sich ritterlich verhalten und dem Gegner nicht wehtun!
Die anderen Kinder singen währenddessen die Liedstrophe. Sobald sie zu Ende ist, geben die beiden Ritter ihre »Schwerter« zwei anderen Rittern.

Kampfspiel, Geschick im Umgang mit klingenden Spielobjekten, Selbstkontrolle, sich an Regeln halten, Grenzen einhalten, emotionale Kompetenz, Geschicklichkeit, Schnelligkeit, Psychomotorik

Der Panther schläft

Ich bin der Panther Schleichesacht
und hab ein schwarzes Fell.
Ich springe hoch und schnell
und schleiche durch die Nacht
Chhr-chhr-chhr!

Ausgestreckt liegt der Panther (eines der Kinder) da und schläft. Ganz vorsichtig und leise schleichen sich die Kinder heran. Sie bestaunen ihn, vielleicht versuchen sie sogar die Hand nach ihm auszustrecken, um sein schwarzes Fell zu streicheln ... Der Panther schläft. – Psssst! Aber irgendwann wacht er auf und jagt den neugierigen Kindern nach, um sie zu fangen.

Sensomotorik, Reaktionsvermögen, Jagen und Fangen, Schnelligkeit und Wendigkeit

Geschmeidig wie ein Panther

Panther Schleichesacht bewegt sich leise und geschmeidig. Nur ab und zu hört man ihn fauchen, wenn ihm ein anderer Panther zu nahe kommt. Chchchch ...! Auf allen Vieren schleichen die Kinder durch den Raum. Man hört sie kaum. Diesem Bewegungsspiel wird so lange Zeit gelassen, wie es den Kindern gefällt. Anschließend wird leise die Liedstrophe gesungen.
Im Anschluss daran kann folgende Yoga-Übung eingefügt werden: Der Panther Schleichesacht sucht sich einen ruhigen Platz. Er reckt und streckt und dehnt sich. Er reißt seinen Rachen auf und gähnt. Dann hebt er die eine Vorderpfote und streckt und dehnt sie ... (In den folgenden Positionen etwas verweilen und ruhig atmen. Dann die Haltung lösen, ehe die Übung fortgesetzt wird.) Und nun die andere Pfote ... Dann das eine Hinterbein. ... Anschließend das andere ... Danach ruht sich Schleichesacht aus. Ganz entspannt liegt er da und spürt nach ...

Motorik, Körperwahrnehmung, Lockerung und Dehnung des Körpers, Gleichgewichtshaltung, Konzentration, Abbau von Spannungen, zur Ruhe finden

Schlenkerbein und der wilde Stier

Ich bin der Cowboy Schlenkerbein
und werf mein Lasso rund
und brüll mit meinem Mund,
fang achtundachtzig Stiere ein.
Ho-ho-ho-hoooo!

Schlenkerbein versucht einen wilden Stier zu reiten. Der versucht ihn abzuwerfen. Ob Schlenkerbein sich auf dessen Rücken halten kann?

Die anderen Kinder feuern die beiden mit lautem Rufen an, indem sie mit vier Fingern auf den Mund klopfen: »Ho-ho-ho-ho-ho ...«, mal leiser, mal lauter.
Nun finden sich alle Kinder zu Paaren zusammen. Eines ist der Cowboy Schlenkerbein, das andere der wilde Stier. Bevor das Reiterspiel beginnt, toben sich die wilden Stiere noch ein wenig aus. Welche Bewegungen passen zu einem Stier?

Geschicklichkeit, spielerisches Kämpfen und Kräftemessen, Reaktion, Erfahrung der Kopfstimme (Ho...)

Cowboys Schlenkertanz

Ein lockerer Typ, dieser Cowboy Schlenkerbein. Alle bewundern ihn, wie er seine Beine schlenkern kann. Er schlenkert auch mit den Armen, mit den Händen, sogar mit dem Kopf und den Ohren, so dass ihm fast der Cowboyhut vom Kopf fliegt. Er tanzt sich warm und locker. Und lacht und singt dazu: »Ha ha ha ...«, so dass sein Bauch wie eine Kugel auf- und abhüpft. Schlenkern macht lustig. Und so hört man ihn weithin über die Prärie singen und lachen. Ho-ho-ho-ho-ho ... ha-ha-ha-ha-ha ... hi-hi-hi-hi-hi ... (zur Melodie des Liedes).
Am Ende seines wilden Tanzes klopft er sich Dreck, Staub, Moos und Blätter von den Kleidern. Vorne, hinten, oben, unten, von Kopf bis Fuß, überall.
Dann streicht er alles wieder glatt. Seine Bewegungen sind sorgfältig und langsam. Bei jedem Ausstreichen hört man, wie er ausatmet: »ff-ff-ff-ff-...« Sieht er nicht schön aus?

Lockerung des ganzen Körpers, von Muskeln und Gelenken, Atemerfahrung, Ableitung von Spannung und innerem Druck, Lach-Übung zur intensiveren Aktivierung des Zwerchfells, Lockerung des Unterkiefers, Stimmbildung

Das Lasso und die liegende Acht

Schlenkerbein ist ein Meister im Lassowerfen. Er kann damit nicht nur achtundachtzig Stiere (und mehr) einfangen, sondern auch Figuren in den blauen Präriehimmel malen. Er wirbelt mit seinem (unsichtbaren) Lasso in der Luft. Seine Arme schwingen. (Die Kinder erfinden immer neue Bewegungsspuren mit den Armen.)
Eine Figur gefällt ihm ganz besonders gut. Sie sieht aus wie eine liegende Acht (mehrmals wiederholen) ... Ob ihm die liegende Acht auch mit dem anderen Arm gelingt? (wiederholen) ... Und nun probiert er es sogar mit beiden Händen! Fast hört man das Lasso in der Luft pfeifen!

Lockerung des Körpers, insbesondere des Schulterbereichs, Motorik, Rechts-Links-Ausgleich, Ausbalancieren der beiden Gehirnhälften durch Überkreuzen der Körperachse (liegende Acht), ganzheitliche Harmonisierung

Sooo riesengroß!

Ich bin der Riese Zappelfraß
und schlucke Erdbeereis,
auch Cola kübelweis.
Platzt mir der Bauch? Ach was!
Haha-ha-haaaaa!

Der Riese Zappelfraß ist so groß, dass er mit ausgestreckten Armen bis in den Himmel reicht. Dort kommen Riesenwolken herangeschwebt. Der Riese liebt das Spiel mit den Wolken. Langsam, ganz langsam schiebt er sie nach oben und lässt sie immer höher hinaufschweben. Wenn sie wieder herunterkommen, fängt er sie mit seinen Riesenhänden auf und schickt sie wieder ins Blaue hinauf. Dieses Spiel wiederholt er immer wieder mit langsamen Bewegungen.

Die Kinder strecken und dehnen sich, spüren die Dehnung. Diese Übung lässt sich auch mit dem Atem verbinden: Schiebt der Riese die Wolke nach oben, atmen die Kinder ein. Sinkt sie langsam wieder herunter, atmen sie aus: »Haaaaaaaaaa!«

Sich dehnen, strecken, Atemerfahrung, Entspannung, Stimmbildung

Haaaa – das schmeckt!

Der Riese im Lied schleckt mit seiner großen Zunge Erdbeereis. Die Kinder machen es ihm nach und schlecken ebenfalls ... Und nun noch einen Kübel Cola! Kein Wunder, dass die Hälfte in den struppigen Bart tropft. – Nun schlecken sich die Kinder mit langen Zungen die süßen Tropfen aus dem »Bart«. Rechts, links, oben, unten – die reinste Zungengymnastik! Durch das Dehnen und Strecken der Zunge wird der Kehlkopf locker und frei.

Stimmbildung, Zungenfertigkeit, Körpererfahrung, Sprachbildung

Mit Riesenschritten

Mit großen Schuhen stampft der Riese durch den Wald. Seine Schritte sind schwerfällig. Sie lassen den Boden erzittern. Man kann sie weithin hören ...! So sucht er sich seinen Weg durch den Wald, um Bäume herum, über Hügel, Gräben und Bäche. Er tappt in einen Teich, dass es nur so spritzt ...
Da liegen Baumstämme im Weg. Kein Problem! Er holt aus und mit Schwung haut er sie mit zwei Händen entzwei ... – Die Kinder holen tief Luft und schwingen beide Arme nach oben. Die Hände sind zu Fäusten geballt. Beim Ausatmen schwingen sie nach unten, als würden sie Holz hacken. Dabei rufen sie ein lautes »Ha!«, öffnen

die Fäuste und stellen sich vor, sie würden alles, was sie ärgert oder belastet, loslassen (mehrmals wiederholen). Diese Yoga-Atemübung, auch »Holzhacker-Übung« genannt, lässt den Atem tiefer werden und baut Spannung und Aggression ab.

Grobmotorik, Intensivierung und Vertiefung des Atems, Entspannung, Abbau von innerem Druck und Blockaden, Steigerung des inneren Wohlbefindens, Stimmbildung

Die folgenden Vorschläge können einen Rahmen bilden, in dem das Lied als Ganzes gesungen und gespielt oder szenisch aufgeführt wird. Durch die vorangegangenen Spiele ist die Melodie bereits bekannt. Die einzelnen Figuren in den Strophen sind vertraut geworden.
Im Refrain bietet sich die Möglichkeit, Instrumente einzusetzen und die ganze Gruppe im Tanz einzubinden. Dieses Wechselspiel zwischen einzelnen Darstellern (Solo) und der ganzen Gruppe (Tutti) gibt dem musikalischen Ablauf Struktur und Farbe.

Spiegeltanz

Alle Kinder stehen im Kreis und spielen lauter Spiegel. Während sie die einzelnen Strophen singen, tritt jedes Mal ein anderes Kind einzeln als Solist in die Mitte. Ob Löwe Grausedich oder Cowboy Schlenkerbein ... Sein Gesichtsausdruck, seine Bewegungen spiegeln sich in der Mimik und Gestik der »Spiegel« (Kinder) im Kreis.
Beim Refrain löst sich der Kreis auf und alle tanzen in der Rolle des jeweiligen Solisten nach Herzenslust im Raum herum.

Eigene Ausdrucksmöglichkeiten als Solist erfahren, freies Gestalten der Figuren, die im Lied vorkommen, Bewegungsphantasie, Erfahren der musikalischen Form durch Wechsel von Bewegungsformen (Kreis/freie Bewegung im Raum)

Den Refrain zum Klingen bringen

Material: Xylophon/Metallophon oder Glockenspiel oder, falls vorhanden, Six-Flat bzw. Sen-Plates

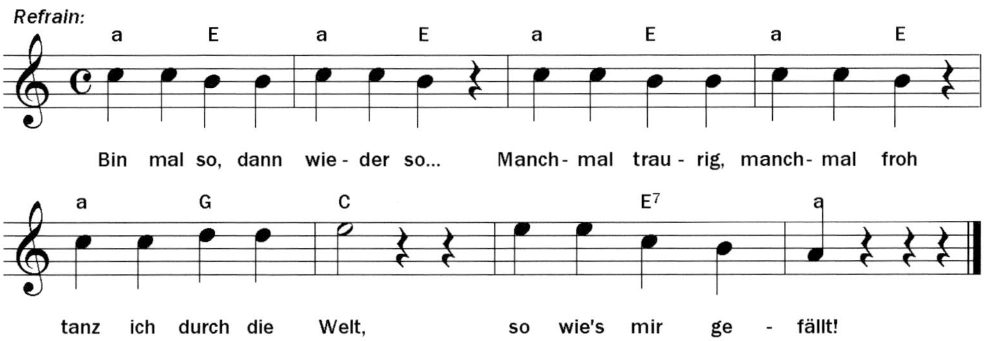

Mit den Tönen »a« und »e« (in verschiedenen Tonhöhen) lässt sich dieser Refrain (und das ganze Lied) begleiten. Die Kinder suchen sich selbst einfache musikalische »Bausteine« als Begleitformen:

- Beide Töne gleichzeitig,
- im Wechsel,
- mal allein, mal auf zwei Kinder aufgeteilt.

Sind sowohl Xylophon als auch Metallophon bzw. Glockenspiel oder Six-Flat (bzw. Sen- Plates) vorhanden, können diese im ersten Teil des Refrains abwechselnd eingesetzt werden. Auf diese Weise entstehen verschiedene Klangfarben. Mal so, mal so ...

Bin mal so,	Xylophon
dann wieder so.	Glockenspiel
Manchmal traurig,	Xylophon
manchmal froh.	Glockenspiel
Tanz ich durch die Welt,	alle Instrumente zusammen
wie es mir gefällt.	

Trommel, Hölzer oder Rasseln können das Klangbild rhythmisch ergänzen.

Klänge tanzen durch den Raum

Material: Klangbausteine oder Xylophon-, Metallophon- oder Glockenspiel-Stäbe an einem Faden aufgehängt oder Sen-Plates (nur die Töne »e« und »a«), Rhythmusinstrumente: Trommel, Rasseln, Klanghölzer u.a.

Musikanten müssen nicht immer still sitzen. Sie können mit ihrem Ton tanzen und sich unter die anderen tanzenden Kinder mischen. Auf diese Weise beginnen die Töne zu hüpfen. Wenn sie sich so im Raum bewegen, gibt es vor lauter Spielfreude immer wieder ein »Noch einmal«!

EINBLICKE IN DIE WELT DER KUNST

Wer war Golliwog?

Material: Musik: Claude Debussy (1862–1918) »Golliwog's cake walk« aus der Klaviersuite »Childrens corner«; dazu große Papierbahn, Fingerfarben, Wachsmalkreiden

Der französische Komponist Claude Debussy hat seiner kleinen Tochter Chouchou ein lustiges Klavierstück mit dem Titel »Golliwog's cake walk« gewidmet.
Wer mag nur dieser etwas poltrige, hüpfende Golliwog sein?
Wie sieht er aus?
Wie bewegt er sich?
Und was könnte das Wort »cake walk« bedeuten? Ein Kuchen-Tanz?

- Die Kinder hören sich das kurze Musikstück an. Mit Fingerfarben werden die Fußsohlen angemalt. Dann hüpfen und tanzen die Kinder zur Musik über die Papierbahn. Sie hinterlassen dabei bunte Tanzspuren.
- Beim zweiten Mal malen sie mit den Händen die Bewegungsspuren des Golliwog. Sie lassen dabei ihre Kreiden auf dem Papier zur Musik »tanzen«.

Konzentriertes Anhören eines Musikstücks, grafische Notation des Gehörten

Golliwogs Hand-Gesicht

Material: Fingerfarben, verschiedene Instrumente

Die Kinder malen sich ihren Golliwog auf die Handteller. Welche Laute gibt er von sich? Welche Sprache spricht er? Welche Klänge passen zu seinen Bewegungen?
Viel Spaß macht es, wenn die wilden Handgesichter zur Musik tanzen. Während die Klaviermusik erklingt, kann sie auch von passenden Instrumenten, z.B. Klangstäben, Rasseln oder Glöckchen, begleitet werden. Dabei teilt sich die Gruppe in Tänzer und Instrumentalisten auf. Eines der Handgesichter spielt den Dirigenten und bringt die Instrumente abwechselnd zum Einsatz.

Sensomotorik, ästhetisches Gestalten, als Dirigent die Gruppe führen, eigene musikalische Ideen umsetzen, Bewegungsphantasie, Förderung von Phantasie und Imagination

Golliwogs Kuchentanz

Material: Klanghölzer, Rasseln, Glöckchen

Alle Golliwogs stehen im Kreis, ihre Handgesichter schauen zur Mitte. Sie stellen sich vor, dass sie um einen riesigen Geburtstagskuchen herumtanzen. Wieder erklingt die Musik. Je nachdem, welches Instrument die Klaviermusik begleitet, hüpfen sie nach rechts (Klangstäbe), nach links (Rasseln) oder sie drehen sich wie ein Kreisel (Glöckchen) und halten sich einen »Kuchenteller« über den Kopf.
Dem Tanz selbst geht die Beschäftigung mit der Musik voraus, die von Mal zu Mal vertrauter wird. Zunächst hören sich die Kinder aufmerksam in das Stück und seine Form hinein. Welche Klänge passen zum Anfang, welche in den ruhigeren Mittelteil, welche zum

wilden Schluss? Beim erneuten Hören erfahren die Kinder, wie durch ihre Begleitklänge die Struktur der Musik akustisch deutlich hervortritt. Auch die Bewegungsformen, die mit dem Klang der Instrumente verbunden sind, werden gemeinsam festgelegt. Auf diese Weise können sich die Kinder unmittelbar an der Entwicklung des Bewegungsablaufs und der Tanzstruktur selbst beteiligen.

Gleichzeitiges Hören, Bewegen und Reagieren auf Musik und verschiedene Begleitklänge, Sensomotorik, Erlernen und Entwickeln einer einfachen Tanzstruktur, Regeln im musikalischen Spiel erleben und befolgen, sich eingebunden fühlen im Tanz mit der Gruppe

Instrumente für Kinder

Orff-Instrumente

Dieses Basis-Instrumentarium wurde von Carl Orff entwickelt. Die Instrumente lassen sich leicht spielen, so dass ihnen jedes Kind Töne, Klänge oder Geräusche entlocken kann.

Rhythmusinstrumente des »kleinen Schlagwerks«

Rasseln, Klanghölzer, Holzblocktrommel, Röhrentrommel, Kastagnetten, Triangel, Zimbeln, Schellenkranz, Glockenkranz.

Fellinstrumente

Zu ihnen fühlen sich motorisch und rhythmisch aktive Kinder besonders hingezogen: Trommel, Handtrommel, Bongos, Pauken.

Stabspiele

Xylophon, Glockenspiel, Metallophon ... Hier wird durch die Anordnung der Klangstäbe für die Augen sichtbar, was Ohren hören. Dadurch lernen Kinder schnell kleine Melodien zu spielen oder einfache Liedbegleitungen zu erfinden.

Klangbausteine

Mit ihnen kann auch die Bewegung ins Spiel miteinbezogen werden. Diese Einzeltöne ermöglichen es Kindern sich selbst zu begleiten, während sie sich frei bewegen. Eine neue Alternative dazu bilden die Sen-Plates (siehe Seite 232).

Selbstbau-Instrumente

Kaum eine Gruppe hat so viele Paare Klanghölzer, so viele Rasseln und andere Rhythmusinstrumente, dass jedes Kind eines in der Hand hat. Hier lässt sich vieles selbst herstellen. Rasseln, Ratschen, Klappern, Trommeln oder einfache Blas- oder Saiteninstrumente sind ebenfalls beliebte Klangobjekte, bei deren Herstellung der Phantasie keine Grenzen gesetzt sind.

Gruppeninstrumente

Tischtrommel, große Schlitztrommel, Klangwiege

Diese können von mehreren Kindern gleichzeitig bespielt werden. Ihr Aufforderungscharakter ist groß. Man kann mit ihnen aktiv musizieren oder sich entspannt bespielen lassen. Sie fördern das Hören durch fühlbare Klangvibration auf der ganzen Oberfläche des Körpers, aktivieren Sensomotorik, Gleichgewichtssinn, Rechts-Links-Koordination. Sie werden nicht nur als Musikinstrumente eingesetzt, sondern auch als Therapieinstrumente, z.B. bei der Klangmassage oder Tiefenentspannung.
Zwar sind sie nicht billig, aber sie könnten von mehreren Institutionen gemeinsam finanziert und dann für eine bestimmte Zeit an einzelne Einrichtungen ausgeliehen werden.

Spielzeug-Instrumente

Es lohnt sich, kleine klingende Kostbarkeiten zu sammeln: Glöckchen, Pfeifchen, Spieluhren, Summvögel, Brummkreisel, Knackfrösche, Tröten, Kazoos ... In ihrer bunten Vielfalt sorgen sie für musikalische Überraschung und akustische Farbtupfer z.B. in Reimen, Geschichten und Klangspielen.

mit speziellen Klangfarben, wie sie in der Arbeit mit diesem Buch immer wieder eingesetzt werden:

Boomwhackers

Klingende Röhren aus Kunststoff. Sie sind genau gestimmt und können spontan gleich von jedem Kind gespielt werden. Man klopft damit auf den Boden, auf Stühle, Tische oder auf den eigenen Körper (Beine, Füße, Hände ...). Jeder Ton hat seine Farbe. Durch Aufsetzen von Kappen lassen sich die Röhren um eine Oktave tiefer stimmen. Es gibt sie in pentatonischer und diatonischer Stimmung. Ideal für Improvisationen, besonders in der pentatonischen Stimmung. Diese Instrumente lassen Bewegung nicht nur zu, sondern fordern sie geradezu heraus (Bewegungs- und Tanzspiele). Abb. siehe Seite 182, 214.

Daumenklavier

Die afrikanische »Kalimba« kann – wie der Name bereits verrät – mit den Daumen gespielt werden. Metallzungen sind auf einem hölzernen Resonanzkörper befestigt. Durch Anzupfen entstehen – je nach Länge der Zungen – verschiedene Töne. In seiner Größe ist dieses Instrument sehr gut für Kinderhände geeignet. Es fördert »spielend« die Feinmotorik und fordert durch seine pentatonische Stimmung zum Improvisieren heraus. Abb. siehe Seite 42.

Jaul-Schlauch

Wenn man ihn in der Luft schwingt und schleudert, entsteht ein Regenbogen von Obertönen. Den geriffelten Plastikschlauch gibt es in verschiedenen Farben. – Für Gruppen können auch Stücke von langen Plastikschläuchen abgeschnitten werden, wie sie der Elektriker für seine Kabel braucht. Sie sind günstig in Baumärkten zu bekommen. Diese Instrumente kommen dem Bewegungsbedürfnis von Kindern sehr entgegen. Sie wirken durch ihre obertonreichen Überraschungseffekte faszinierend. Abb. siehe Seite 79 und 83.

Kantele-Kinderleier

Ein Zupfinstrument mit zarten Tönen. Es ist pentatonisch gestimmt und kann deshalb auch schon kleine Kinder zu immer neuen Spielversuchen animieren. Hier gehen Spielen und Horchen eine wohlklingende und wohltuende Verbindung ein. Ihre Schwingungen sind mit den Fingerspitzen, aber auch im ganzen Körper zu spüren. Abb. siehe Seite 113.

Klangkugeln

Quigong-Kugeln sprechen Augen, Ohren und Hände an. Sich in der glänzenden Oberfläche spiegeln ... tasten, spüren, ihr Gewicht fühlen ... rollen lassen und wieder einfangen ... schütteln wie eine Rassel. Die zarten glockenartigen Töne entstehen durch Klangzungen im Innern der Kugel. Mehrere rollende Klangkugeln ergeben einen sich ständig bewegenden Raumklang, dem neugierige Kinderohren nur zu gerne – auch mit geschlossenen Augen – folgen. Abb. siehe Seite 120.

Klangschale

Mit ihren langausschwingenden Tönen sind sie sehr gut für Ruhephasen und Entspannungsübungen geeignet. Ihr Klang ist reich an Obertönen. Klangschalen können mit einem harten oder weichen Schlägel angeschlagen werden. Durch Reiben mit dem Schlägel am oberen Schalenrand entsteht ein ununterbrochener, langgezogener Ton. Abb. siehe Seite 43, 60 und 78.

Ocean Drum

Die Ocean Drum lässt unsere Phantasie ans Meer reisen. Nicht nur die Ohren, auch die Augen sind fasziniert. Sie können den Bewegungen tausender von Kügelchen folgen, die übers Trommelfell rauschen. In achtsam aufeinander abgestimmten Bewegungen können Kinder dieses Instrument auch zu zweit oder dritt bespielen. Abb. siehe Seite 159.

Regenrohr

Kinder lieben es, dem Rieseln des Regenrohrs zuzuhören. Je langsamer es bewegt wird, desto intensiver das Hörerlebnis. Aus einer Pappröhre, in die rundum Nägel eingeschlagen werden, lässt sich auch selbst ein solches Instrument bauen. Kleine Steinchen erzeugen ein feines Rieseln.

Rührtrommel

Auf einer runden Holzscheibe sind aufrecht stehende Holzplättchen angebracht. Durch kreisendes »Rühren« mit einem Schlägel entstehen verschiedene Töne, je nach Länge der Holzplättchen. Abb. siehe Seite 181.

Sen-Plates

Beim Anschlagen erklingt eine quadratisch geformte Metallplatte. Ihr schöner Klang und die leichte Spielbarkeit sowie die Möglichkeit, sich damit frei im Raum zu bewegen, machen dieses Instrument zu einem idealen musikalischen Spiel-zeug. Die einzelnen Klangplatten sind leicht und so geformt, dass kein Danebenschlagen möglich ist. Mehrere Sen-Plate-Spieler im Raum können mit ihren verschiedenen Tönen wunderschöne Klanggebilde zaubern. Töne werden zu Musik, Musik wird zu Bewegung. Abb. siehe Seite 28.

Six-Flat

Hier sind mehrere Klangplatten in pentatonischer Stimmung zu einem einzigen Instrument verbunden. Es kann allein oder von mehreren Kindern bespielt werden. Zu beziehen über:
SEN plates, Gottlieberstr. 23, 78462 Konstanz

Spring Drum

Ein Instrument, das Atmosphäre schafft und gut für Klanggeschichten eingesetzt werden kann. Am unteren Ende einer Röhre aus Metall oder Pappe ist eine Membran gespannt. Aus ihrer Mitte windet sich ein spiralig gedrehter Draht. Schüttelt man das Rohr, so fängt der Draht an zu schwingen und es entstehen grollende, tiefe Töne.

Literaturverzeichnis

Bastian, Hans-Günther: *Musik(erziehung) und ihre Wirkung. Eine Langzeitstudie an Berliner Grundschulen.* Schott Verlag, 2000

Der Bayerische Bildungs- und Erziehungsplan für Kinder in Tageseinrichtungen bis zur Einschulung. Beltz, 2006

Beck-Neckermann, Johannes: *Handbuch der musikalischen Früherziehung.* Herder, 2002

Behrendt, Joachim Ernst: *Die Welt ist Klang.* Insel, 1985

Behrendt, Joachim Ernst: *Ich höre - also bin ich.* Goldmann, 1989

Bestle-Körfer, Regina/Stollenwerk, Annemarie: *Sehen, hören, schmecken – mit Kindern alle Sinne entdecken.* Christophorus, 2005

Brünger, Peter: *Singen im Kindergarten.* Wißner Verlag, 2003

Czisch, Fee: *Kinder können mehr. Anders lernen in der Grundschule.* Kunstmann Verlag, 2005

Dennison Paul/Dennison, E.: *Brain-Gym-Lehrerhandbuch.* VAK, 2004

Elschenbroich, Donata: *Weltwissen der Siebenjährigen. Wie Kinder die Welt entdecken können.* Kunstmann Verlag, 2001

Feldenkrais, Moshe: *Bewußtheit durch Bewegung.* Suhrkamp, 1996

Flitner, Andreas: *Spielen – Lernen. Praxis und Deutung des Kinderspiels.* Piper, 1972

Gardner, Howard: *Abschied vom IQ. Die Rahmen-Theorie der vielfachen Intelligenz.* Klett, 1991

Goleman, Daniel: *Emotionale Intelligenz.* Hanser, 1996

Gruhn, Wilfried: *Kinder brauchen Musik.* Beltz, 2003

Hannavord Carla: *Bewegung, das Tor zum Lernen.* VAK, 2001

Hirler, Sabine: *Gefühle leben lernen.* Velber im OZ Verlag, 2004

Hirler, Sabine: *Rhythmik. Spielen und Lernen im Kindergarten.* Beltz, 2005

Hüther, Gerald: *Bedienungsanleitung für ein menschliches Gehirn.* Vandenhoeck & Rupprecht, 2001

Hüther, Gerald: *Kinder brauchen Wurzeln.* Patmos, 2001

Jakoby, Heinrich: *Jenseits von »Musikalisch« und »Unmusikalisch«.* Christians, 1984

Lendner-Fischer, Sylvia: *Bewegte Stille.* Kösel-Verlag, 2004

Liebertz, Charmaine: *Das Schatzbuch ganzheitlichen Lernens.* Don Bosco, 1999

Montague, Ashley: *Körperkontakt.* Klett, 1971

Prekop, Jirina/Hüther, Gerald: *Auf Schatzsuche bei unseren Kindern. Ein Entdeckungsbuch für neugierige Eltern und Erzieher.* Kösel-Verlag, 2006
Reimann, Michael: *Entdecke die Musik in dir.* Kösel-Verlag, 1998
Ribke, Juliane/Dartsch, Michael: *Facetten elementarer Musikpädagogik. Erfahrungen, Verbindungen, Hintergründe.* ConBrio, 2002
Seeliger, Maria: *Das Musikschiff.* ConBrio, 2003
Shapiro, Lawrence: *EQ für Kinder. Wie Eltern die emotionale Intelligenz ihrer Kinder fördern können.* Scherz, 1997
Sonnenschmidt, Rosina/Kanuss, Harald: *Musik-Kinesiologie.* VAK, 1995
Spitzer, Manfred: Lernen. *Gehirnfunktionen und die Schule des Lebens.* Spektrum, 2002
Spitzer, Manfred: *Musik im Kopf. Hören, Musizieren, Verstehen und Erleben im neuronalen Netzwerk.* Schattauer, 2002
Stadler Elmer, Stefanie: *Kinder singen Lieder. Über den Prozess der Kultivierung des vokalen Ausdrucks.* Waxmann, 2002
Thomas, Werner: *Mein Kind ist hochbegabt.* Econ, 2002
Tomatis, Alfred: *Klangwelt Mutterleib.* Kösel-Verlag, 1994
Tomatis, Alfred: *Der Klang des Lebens.* Rowohlt, 1987
Wehr, M./Weinmann, M.: *Die Hand. Werkzeug des Geistes.* Spektrum, 2005
Wilson, F.: *Die Hand. Geniestreich der Evolution.* Klett Cotta, 1998
Wolff, Philip: »Musik. Die Essenz des Menschseins.« *Süddeutsche Zeitung* (Sonderheft Wissen) 2006
Ziegler, Alexandra: »Hilfe, die Kinder wollen mit mir singen!« *Neue Musikzeitung,* 2004
Zimmer, Renate: *Handbuch der Sinneswahrnehmung.* Herder, 1995
Zohar, Danah/Marshall, Ian: *SQ - Spirituelle Intelligenz. Die notwendige Frage nach dem Sinn.* Scherz, 2000

Quellen der im Text verwendeten Lieder und Verse

(Abdruck mit freundlicher Genehmigung des Verlags):

»Guten Morgen«, S. 69: *Hol dir ein Gelb aus der Sonne,* Patmos (Buch + CD)
»Es lebt ein Ries im Wald«, S. 89: *Hol dir ein Gelb aus der Sonne,* Patmos (Buch + CD)
»Elefantentanz«, S. 136: *KIDS! Songs, Raps und coole Töne,* Patmos (Buch + CD)
»Feuer, Wasser, Erde, Wind«, S. 189: *Stille Klänge, leise Reisen,* Patmos (Buch + CD)

Falls nicht anders vermerkt, stammen Text und Melodie von Dorothée Kreusch-Jacob (Rechte bei der Autorin).

Von Dorothée Kreusch-Jacob sind erschienen:

Zum Weiterlesen

Musik macht klug. Kinder entdecken die Welt der Musik. Kösel-Verlag, 1999
Zauberwelt der Klänge. Klangmeditationen mit Naturtoninstrumenten. Kösel-Verlag, 2002
Mit Liedern in die Stille. Meditieren und Gestalten mit Kindern. Patmos, 1998
Musikerziehung. Grundlagen, Inhalte, Methoden. (Kindertagesstätte) Don Bosco, 1995
Das Musikbuch für Kinder. Schott Verlag, 2000
Klangwerkstatt für Kinder. Miteinander Instrumente bauen und Musik machen. Don Bosco, 2002
Finger spielen – Hände tanzen. Das große Buch der Fingerverse. Don Bosco, 1998
10 kleine Musikanten. Liederspielbilderbuch. Mit CD, Schott Verlag, 2002
Glöckchen, Trommel, Zaubergeige. Musikmärchen aus aller Welt, Schott Verlag, 2001
Hol dir ein Gelb aus der Sonne. Meine schönsten Lieder. Patmos, 2003

Zum Hören/CDs

Zauberwelt der Klänge. Naturtonmusik zum Entspannen und Genießen. Kösel-Verlag, 2002
Klassik-Hits für Kids. Kösel-Verlag/Deutsche Grammophon, 1999
Glöckchen, Trommel, Zaubergeige. Musikmärchen aus aller Welt. Patmos, 2001
Finger spielen – Hände tanzen. Patmos, 1997
KIDS! – Kinder der Welt: Songs, Raps und coole Töne. Patmos, 1998
Lieder aus der Stille. Klangbilder und Meditationen. Patmos, 1995
Das Wolkenboot. Neue Klangbilder und Meditationen. Patmos, 1996
Stille Klänge – leise Reisen. Patmos, 2000
Hol dir ein Gelb aus der Sonne. Patmos, 2003

Zum Basteln, Horchen und Spielen

Der Instrumentenbaukasten von Dorothée Kreusch-Jacob:
Klangwerkstatt. Dusyma, 2002

Danke!

Allen, die mir geholfen haben, dieses Buch mit auf den Weg zu bringen, möchte ich herzlich danken:
Allen Kindern, die mitgespielt haben und von denen ich immer wieder lernen durfte. Auch ihren Eltern danke ich für die Zustimmung zur Veröffentlichung der Fotos.
Bei einem Besuch im »Kunst-Kindergarten« in München-Schwabing (www.Kunst-Kindergarten.de) gelang es, Musik und Kunst im Spiel mit den Kindern zu verbinden. Mein besonderer Dank gilt der Leiterin und Malerin Ursula Naumann für ihre spontane Aufgeschlossenheit und künstlerische »Gastfreundschaft«. Folgende Szenen entstanden in diesem kreativen Haus für Kinder: S. 12, S. 150, S. 163.
Ein herzliches Dankeschön auch Ursula Markus, die es verstanden hat, sich während meiner Arbeit mit den Kindern fast »unsichtbar« zu machen und auf diese Weise die Stimmung einfangen konnte, die beim gemeinsamen Spiel mit Musik herrschte.
Ein Danke auch meinen inzwischen erwachsenen Kindern Carolin (für ihre Zeichnungen), Johannes und Cornelius, für die vielen Anregungen und Anstöße, die aus ihrer eigenständigen künstlerischen Arbeit immer wieder einen intensiven Austausch mit meinen Ideen und pädagogischen Vorstellungen ermöglichen. Danke auch meinem Mann, der mit Kritik und Toleranz den Alltag mit einer intensiv beschäftigten Frau seit Jahren meisterhaft zu jonglieren versteht.
Nicht zuletzt gilt mein Dank Heike Mayer vom Kösel-Verlag für ihre sorgfältige, kompetente und sensible Arbeit an diesem Buch.

© Ursula Markus

Dorothée Kreusch-Jacob

ist Konzertpianistin, Musikpädagogin, Schriftstellerin und Liedermacherin. Gründete das »Münchner Klavierquartett«, machte Aufnahmen und Konzertreisen, ist Dozentin auf Seminaren und Fortbildungen. Verbindet in ihrer Arbeit mit Kindern, zu der auch Atem-, Stimm- und Stilleübungen gehören, Literatur (Kinderlyrik, Kinderlied) und Musik.

Zahlreiche Bücher zum Thema Musikpädagogik und Kreativitäts- bzw. Ausdrucksförderung.

Ihre vielfach mit Preisen ausgezeichnete Musik für Kinder bewegt sich vom Kinderlied bis Klassik, von Jazz bis zu meditativen Klangbildern und musikalischen Phantasiereisen. Mitautorin des Bayerischen Bildungs- und Erziehungsplans im Elementarbereich »Musik«.

Weitere Informationen unter
www.dorotheekreusch-jacob.com

Musik für Kinder muss sein
wie für Erwachsene –
nur besser.

Dorothée Kreusch-Jacob